기독교
사용 설명서
6

주기도문

세움북스는 기독교 가치관으로 교회와 성도를 건강하게 세우는 바른 책을 만들어 갑니다.

기독교 사용 설명서 6

주기도문

초판 1쇄 인쇄 2021년 12월 25일
초판 1쇄 발행 2021년 12월 30일

지은이 | 한성훈
펴낸이 | 강인구
펴낸곳 | 세움북스

등 록 | 제2014-000144호
주 소 | 서울시 서대문구 연희로 160 연희회관 3층 302호
전 화 | 02-3144-3500
팩 스 | 02-6008-5712
이메일 | cdgn@daum.net

교 정 | 오현정
디자인 | 참디자인

ISBN 979-11-91715-26-2 (03230)
  SET 979-11-91715-20-0 (03230)

기독교
사용 설명서

6

주기도문

한성훈
지음

세움북스

목차

시리즈 서문

독일의 개혁자 마틴 루터가 비텐베르크 성곽교회 문에 면벌부를 반박하는 95개조 대자보를 내 붙인 지 500년을 훌쩍 지나 몇 년이 더 흘러가고 있습니다. 종교개혁은 제도적인 개혁, 도덕적인 개혁에 불과한 것이 아니었습니다. 종교개혁은 예배의 개혁이면서 동시에 교리와 삶의 총체적인 개혁이었습니다. 이 종교개혁이 거대한 로마교회체제와 성도들의 신앙생활을 흔들어 놓았습니다. 하나님을 참되게 예배하기 시작하면서 교인들은 두려움이 아니라 기쁨과 감사 가운데 살아가기 시작했습니다. 그 개혁의 불꽃이 교회만이 아니라 유럽 사회 전체를 새롭게 했습니다. 과연 우리 한국개신교회는 개혁의 그 아름다운 모습을 얼마나 누리고 있을까요?

종교개혁 500주년을 맞아 종교개혁이 교회의 몇몇 악습을 제거한 것이 아니라 총체적인 개혁이었음을 드러내기 위해 『종교개혁자들과의 대화』(SFC출판부) 12권 시리즈를 발간한 바 있습니다. 그 시리즈를 통해 종교개혁이 예배, 교회, 역사, 교육, 가정, 정치, 경제, 문화, 학문, 교리, 과학, 선교를 어떻게 변화시켰는지 살펴 보았습니다. 우리 청소년들이 어떤 영역에서 일하든 하나님의 사람으로 살아갈 수 있다는 것을 보여주려고 했습니다. 이 종교개혁 500주년의 후속 작업이 바로 본 시리즈 『기독교 사용 설명서』입니다. 본 시리즈는 우리 기독교의 근본을 재확인하고, 다시금 개혁의 정신을 되살려 오직 하나님의 영광을 위해 살아가고자 하는 마음으로 기획했습니다.

본 시리즈에서는 기독교를 총 4부로 나누어서 설명합니다. 제1부는 종교개혁, 교회정치, 교회직분입니다. 우리는 종교개혁의 역사를 통해 교회정치와 직분이 어떻게 새로워졌는지를 잘 알아야 합니다. 제2부는 사도신경, 십계명, 주기도문입니다. 개혁자들은 교리문답을 만들었는데 그 교리문답들의 대부분은 이 세 가지를 해설하면서 기독교신앙의 요체를 드러내었습니다. 사도신경은 우리가 믿고 있는 삼위일체 하나님을 고백하는 것이고, 십계명과 주기도문은 우리가 어떻게 감사의 삶을 살아야 하는지를 잘 보여주고 있습니다. 제3부는 공예배, 교회예식, 교회력입니다. 교회는 예배를 위해 부름받았고, 각종 예식을 통해 풍성함을 누리고 교회력을 통해 이 세상에서 그리스도를 누리면서 새로운 시간을 살아갑니다. 마지막 제4부는 혼인, 가정예배, 신자의 생활입니다. 우리는 하나님이 처음부터 제정하신 제도인 혼인을 통해 언약가정을 이루고 가정에서 예배하면서 기독교인으로서 이 세상을 살아갑니다.

그동안 덮어놓고 믿었던 것이 교회의 쇠퇴와 신앙의 배도에까지 이르고 있습니다. 코로나시대에 함께 모여 예배하고 교제하는 것이 힘들어졌지만 기독교신앙에 대해 치열하게 학습할 수 있는 절호의 기회입니다. 우리가 무엇을 믿는지, 어떻게 살아야 하는지 근본에서부터 잘 학습해야 하겠습니다. 각 세 권씩으로 구성된 총 4부의 『기독교 사용 설명서』를 통해 우리 기독교와 교회의 자태를 확인하고 누릴 수 있기를 바랍니다. 12권 시리즈로 기획했기에 매월 한 권씩 함께 읽으면서 공부하고 토론하기에 좋을 것입니다. 기존 신자들 뿐만 아니라 자라나는 우리 청소년과 청년들이 이 시리즈를 통해 기독교의 요체를 확인하고 믿음의 사람들로 든든히 서서 교회를 잘 세우면서 이 세상에서 담대하게 살아갈 수 있기를 바랍니다. 교회를 세우기 위해 가르치면서 해당 주제를 잘 집필해 주신 집필자들의 수고에 감사를 드리고, 이 시리즈 기획을 흔쾌히 받아 출간하는 세움북스 강인구대표께 진심으로 감사를 드립니다.

2021년 11월
개혁교회건설연구소

들어가며

운동을 처음 배울 때 기본 자세가 중요하다고 합니다. 그래서 대부분의 운동 종목들은 기본 자세를 배우는 데만 꽤 오랜 시간이 걸립니다. 그런데 하루라도 빨리 스킬을 배워서 운동을 즐기고 싶은 사람들은 이런 과정을 지겨워해서 기초 단계를 건너뛰고 곧바로 시합부터 참여합니다. 기초 없이 시합에 바로 뛰어드는 사람은 처음에는 실전의 경험을 쌓아 가면서 요령을 익히지만 곧바로 한계에 부딪힙니다. 이와 반대로 기본 자세부터 하나씩 배우며 오랜 세월 갈고 닦은 사람은 초반에는 레슨 없이 실전만 뛰어 본 사람에 비해 뒤처지는 것처럼 보이지만 나중에 가면 그 사람들을 훌쩍 뛰어넘는 경기력을 보여줍니다.

우리의 기도생활도 이와 비슷합니다. 우리 기도의 기초는 예수님이 가르쳐 주신 기도입니다. 그런데 많은 신자들이 이 기도를 건너뛰고 주변에서 기도하는 내용을 따라서 기도를 배웁니다. 누군가 '설교자에게 성령의 두루마기를 입혀 주시고'라고 기도하니까 그걸 어떤 사람이 듣고 다른 곳에 가서 '설교자에게 성령의 두루마리를 입혀 주시고'라고 기도했다고 하는데, 실제로 조국교회에는 기도의 본질보다 기도의 스킬을 익히려는 데 더 애를 쓰는 모습이 만연해 있습니다. 화려한 언변으로 유창하게 기도하는 것을 곧 기도를 잘하는 것이라고 착각하는 것입니다.

사실 이런 현상에 대한 책임은 필자를 비롯한 목회자에게 있습니다. 기도가 무엇이며 어떻게 해야 하는 것인지 제대로 가르치지 않았으니 많은 사람들이 자기 소견에 옳은 대로 기도하는 것입니다. 이러한 때에 모든 기도의 기초인 주기도문을 주목하고 잘 배우는 것은 대단히 중요한 일이라 하겠습니다. 우리는 주님이 가르쳐 주신 기도를 잘 살펴서 그 내용이 무엇을 의미하는지 숙지하고 예수님의 기도를 따라서 기도하도록 노력해야 합니다.

주기도문을 살펴보면 먼저 우리의 기도 대상이 누구인지 알려줍니다. 물론 우리가 기도를 드리는 대상은 하나님이시지만 구체적으로 어떤 하나님이신지 가르쳐줍니다. 그리고 기도의 순서를 보면 우리 자신을 위한 기도보다 하나님 나라를 구하는 기도가 먼저여야 합니다. 아이들에게 기도를 시켜 보면 대부분 당장에 필요한 것을 간구하는 경우가 많습니다. 이런 기도의 모습은 영적으로 성숙하지 못한 어른 성도들에게도 나타납니다. 혹시 기도 내용의 대부분을 일상의 필요를 구하는 것으로 채우고 있다면 우리 자신을 돌아보아야 합니다. 하나님의 영광과 하나님의 나라와 하나님의 뜻이 먼저입니다. 그렇다고 해서 하나님이 우리의 필요를 간과하시는 분은 아닙니다. 육신의 필요인 일용할 양식을 구하라 하십니다. 또한 영적인 필요인 죄 용서와 시험에 들지 않기를 구하라 하십니다. 이렇듯이 주님이 가르쳐 주신 기도는 하나님 나라와 개인의 영적, 육적 필요를 균형 있게 담고 있습니다. 주기도의 마지막은 하나님께 영광을 올려드리는 송영이 자리 잡고 있습니다. 우리의 기도를 들으시는 하나님은 '나라와 권세와 영광'을 가지신 분이시니 이 얼마나 든든합니까? 그렇기 때문에 우리는 우리 기도를 들어주실 그 삼위 하나님을 찬송하며 마무리할 수 있습니다.

예수님이 주기도문을 통해 우리가 기도를 보고 배울 수

있게 하셨으니 얼마나 다행인지 모릅니다. 우리가 예수님의 기도를 계속 따라 하고 흉내를 내다 보면, 우리의 기도 수준은 점점 향상될 것입니다. 부디 주기도문에 관한 이 짧은 글을 통하여 조금이나마 이 기도가 담고 있는 의미를 바르게 알고 주님을 따라 기도하는 일에 열심을 내는 데 보탬이 되기를 간절히 바랍니다.

제1장
기도의 대상

기도란 무엇인가?

이 책을 통해 우리는 주님이 가르쳐 주신 기도를 함께 공부해 보고자 합니다. 먼저, 기도가 무엇인지 살펴보고자 합니다. 우리는 흔히 기도를 '하나님과의 대화'라고 말합니다. 여기서 말하는 대화란 낯선 사람에게 길을 물어본다든지, 가게에서 점원과 몇 마디 주고받는 수준의 대화를 의미하지 않습니다. 그렇다고 주고받는 말이 많으면 그걸 대화라 할 수 있을까요? 가족처럼 친한 관계 속에서는 보다 더 많은 말을 주고받습니다. 그러나 오고 가는 말은 많으나 의외로 많은 가정에서 부부간, 혹은 부모 자식 간에 대화가 안 된다고 푸념을 합니다. 서로 많은 말을 주고받는다고 해서 '우리는 서로 대화하고 있다'라고 말할 수 없다는 것입니다.

기도를 '하나님과의 대화'라고 뭉뚱그려 이해한다면 그저 어떤 말이든 하나님께 말을 많이 늘어놓으면 되는 것으로 오해하기 쉽습니다. 그러나 우리가 대화를 나누는 목적은 상대방의 마음이나 뜻하는 바가 무엇인지 알기 위함입니다. 그래서 우리는 대화라는 통로를 통해서 상대방에 대한 이해를 높여 가며 신뢰를 쌓아 갑니다. 주변 사람들로부터 소문만 듣고서 '저 사람이 그런 사람이야?' 하는 편견을 가지고 있던 어떤 사람을 실제 만났을 때 그 사람에 대한 인식이 완전히 달라지는 경험을 우리는 종종합니다. 그만큼 만나서 대화를 나누는 것은 한 사람을 온전히 이해하는데 굉장히 중요한 일입니다.

마찬가지로 기도를 통해 하나님과 대화를 나눈다는 것은 하나님을 이해하고 신뢰하는 데 아주 중요한 일입니다. 그래서 기도를 하나님과의 사귐이라고도 말합니다. 그런데 만일 기도하지 않는 신자가 있다면 어떨까요? 기도하지 않아도 전혀 불편함을 느끼지 못할뿐더러 필요성조차 잘 느끼지 못하는 신자가 있다면 그 사람은 과연 하나님과 어떤 경로로 소통을 하는 걸까요? 하나님과 개인적으로 친밀한 시간을 갖지 않으면서 1주일에 한 번 예배하러 나오는 것으로 만족하는 신앙인은 그만큼 하나님에 대한 기대감이 없다는 것을 말합니다. 또한 기도를 하지 않으면 하나님이 어떤 분이시고 나에게 무엇을 원하시는지 알기가 어렵습니다. 이런 사람은 결국 자기 생각대로 살 수밖에 없습니다.

기도를 하긴 하지만 일방적으로 하나님께 쏟아붓기만 하는 기도는 또 어떻습니까? 주님께서는 이런 기도를 이방인들의 기도라고 하셨습니다(마 6:7). 그냥 말만 많이 하거나 오랜 시간 앉아 있다고 해서 기도가 아니라, 하나님과의 인격적인 교류를 통해 그분을 점점 알아가야 기도인 것입니다. 우리가 하나님을 더 많이 알면 알수록 하나님을 향한 우리의 사랑이 더욱 깊어질 수 있습니다. 그리고 내 생각과 뜻을 하나님의 뜻으로 맞추어 가고자 하는 열망이 생깁니다. 그래서 사귐의 기도는 중요합니다.

어떤 가장이 있었습니다. 이 가장은 가정의 행복을 위해서 자신이 해야 할 일은 가족을 위해 많은 돈을 벌어오는 것이라 확신하고 휴일도 반납하고 뼈가 부서져라 열심히 일을 했습니다. 그렇게 한평생을 보냈는데 은퇴할 때쯤 되어서 보니까 집에서 자기는 찬밥 신세이고, 식구들이 자기를 가까이하지 않으려고 한다는 것을 느끼게 되었습니다. 그래서 이 아버지는 가족들에게 화를 내며 섭섭함을 토로합니다. 그러나 가족들은 자신들 곁에 있어 주는 아버지를 원했는데 늘 아버지는 바빠서 가족들과 함께하지 못했고, 그 사이 다른 가족들과 아버지는 서먹해진 것입니다. 그 아버지가 가정생활에 실패한 이유는 가족들이 원하는 바가 무언지 잘 알아보지도 않고, '가장의 역할은 돈을 많이 벌어오는 것이다'라는 잘못된 확신에 사로잡혀서 한평생을 보냈기 때문입니다.

어쩌면 밤낮없이 가족을 위해 열심히 일하는 아버지처럼 오늘날 많은 성도들이 하나님을 사랑하는 마음으로 열심히 기도를 합니다. 그러나 열심히 기도는 하지만 과연 하나님과 제대로 된 소통이 이루어지고 있을까요? 기도를 통해 하나님의 뜻을 더 잘 알아가고 있을까요? 오늘날 많은 성도들이 기도를 거의 하지 않거나 기도를 해도 하나님과 대화하려는 의지보다 혼자만의 독백으로 기도 시간을 채우는 경향이 있습니다. 이런 현상은 둘 다 하나님과의 인격적인 사귐을 중요하게 여기지 않기 때문에 일어나는 일입니다.

우리가 기도하는 주된 이유는 내 필요를 아뢰기 위해서입니다. 물론 이 부분도 중요하지만 더 중요한 일은 하나님과의 교제, 혹은 사귐입니다. 이러한 기도로 하나님과 소통할 때 우리 신앙에서 하나님과의 인격적 교류가 일어나며 그 속에서 하나님을 더욱 신뢰하게 됩니다. 하나님을 향한 두터운 신뢰 관계는 인생의 어려움이 찾아와도 이겨낼 힘을 가져다 줍니다. 또한 이런 기도를 하다 보면 하나님을 알아가는 만큼 내 뜻을 굽히고 하나님 뜻에 맞추어 가려는 마음을 경험하게 됩니다. 주님께서는 우리가 이런 기도를 하기 원하십니다.

잘못된 기도

주님께서는 제자들에게 올바른 기도를 가르쳐주시기 전에 두 가지 잘못된 기도의 유형을 알려주십니다(마 6:5-7).

하나는 하나님이 아니라 사람을 의식하면서 기도하는 외식하는 기도이고, 또 다른 하나는 기도 응답에만 관심이 있는 이방인의 기도입니다.

당시 유대사회에서 바리새인 같은 종교 지도자들은 사람들이 많이 지나다니는 회당과 대로변에서 다른 사람들이 들으라는 듯이 자신을 과시하며 기도했습니다. 그들은 서서 기도하기를 좋아했습니다. 서서 기도하면 더 많은 사람들의 주목을 받을 수 있기 때문이었습니다. 그런데 주님께서는 골방에 들어가 문을 닫고 기도하라고 하십니다. 여기에서 골방에 들어가서 기도하라는 것은 사람들에게 보이기 위한 기도를 하지 말고, 은밀하게 기도하라는 뜻입니다. 사실 많은 성도들이 알게 모르게 사람을 의식하고 기도하는 경우가 많습니다.

가끔씩 담임목사가 외부에 출타하고 없을 때 부교역자가 새벽기도회를 인도하면 평소 출석하던 숫자가 확 줄어드는 경우를 봅니다. 그런데 담임목사가 돌아오면 다시 숫자가 되돌아옵니다. 담임목사가 새벽기도회를 인도할 때는 열심을 내다가도 출타를 하면 예배 참석 성도 수가 우수수 빠지는 게 오늘 조국교회 현실입니다. 이것은 뭘 의미할까요? 하나님을 바라보고 기도하는 것이 아니라 담임목사 눈치를 보고, 담임목사에게 '아무개 집사, 기도 열심히 하는구만' 하고 인정받으려고 새벽기도에 나오는 것은 아닐까요? 우리는 사람에게 보이기 위해 기도하는 경우가 없도록 조심해야 합니다. 목사들도 교인들에게 더 경건한 목회자로 보이고 싶어서 열심히 기도하는 척하려는 모습은 없는지 돌아보아야 할 것입니다.

외식하는 기도와 더불어 이방인의 기도도 우리가 빠질 수 있는 함정입니다. 이방인들의 기도는 한마디로 '중언부언'하는 기도입니다. 중언부언이라는 것은 같은 말을 계속 반복한다든지, 의미 없는 말을 계속 중얼거리는 것을 말합니다. 중언부언하는 기도는 주문 외우듯이 기계적으로 계속 했던 말을 반복하고 중얼거리는 것입니다. 왜 그렇게 반복적으로 주문 외우는 것처럼 기도를 하는 것일까요? 그것은 기도 분량을 채워야 하나님이 들어주신다고 생각하기 때문입니다. 오랜 시간 동안 공을 들여서 기도하는 모습을 통해 하나님을 감복시키면 하나님이 내가 원하는 것을 들어줄 것이라는 믿음이 여기에 담겨져 있습니다.

옛날에 우리 할머니들은 장독대에 정화수를 떠 놓고 새벽부터 "비나이다 비나이다 천지신령께 비나이다. 우리 며느리가 아들 낳게 해 주시기를 비나이다"라고 하면서 머리를 조아리고 손을 빌면서 기도했던 경험이 있습니다. 그런데 한 번만 기도하는 것이 아니라 날이 밝을 때까지 똑같은 기도를 되풀이합니다. 왜 똑같은 말을 되풀이해서 기도할까요? 신이 못 알아들을까봐 그럴까요? 한두 번 말하는 것으로는 정성이 없어 보이니까 정성을 표현하기 위해 새벽부터 계속 반복하는 것입니다. 내 정성을 다해서 기도의 분량을 채우면, 내 정성에 감복해서 천지신명이 복을 줄 것이라고 믿기 때문입니다.

이런 '지성이면 감천이다'라는 식의 신앙이 교회 안에도 퍼져 있는 게 사실입니다. '어제 빡세게 기도했더니 하나님이 응답하셨다.' 이런 식으로 생각하는 경우가 적지 않습니다. 이렇게 생각한다면 기도 응답의 기준이 하나님께 달린 것이 아니라, 우리 자신의 기도하는 태도에 달린 것이 되고 맙니다. 간절하게 기도하든 안 하든 그 기도 응답은 하나님 소관입니다. 물론 우리가 기도할 때 간절히 기도해야 되는 것은 당연한 일입니다. 그러나 내가 간절하게 기도했기 때문에 하나님이 들어주시고, 간절하게 기도하지 않았기 때문에 하나님이 안 들어주셨다는 식으로 생각하면 곤란합니다. 우리의 기도하는 모습에 기도 응답이 달린 것이 아니기 때문입니다.

주님께서는 사람에게 보이기 위해 기도하는 것과 말을 많이 해서 분량을 채우려 하는 기도를 하지 말라고 우리에게 가르치십니다. 이런 기도는 기도의 대상이신 하나님을 모르기 때문에 일어나는 일입니다. 그렇기 때문에 바른 기도를 하려면 하나님을 잘 알아야 합니다. 진리의 말씀의 인도함을 받으며 기도를 해야 바른 기도가 될 수 있습니다. 기도의 본질은 내 필요를 채우는 것이 아니라 하나님과의 사귐입니다. 물론 기도의 요소 중에 하나님 나라와 우리 필요를 아뢰는 간구도 있지만 단지 내 구할 것만 아뢰지 말고, 기도가 하나님을 깊이 만나고 교제하는 통로가 되기를 바랍니다.

하늘에 계신 하나님

그리스 · 로마 신화를 보면 수많은 신들이 등장하는데 그들의 행동을 보면 사람과 별반 다르지 않아 보입니다. 제우스 같은 경우는 아내 헤라가 있음에도 여러 여신이나 여성들과 바람을 피웁니다. 비록 사람보다 강한 능력은 가지고 있지만 그것을 제외하면 오욕칠정을 가진 사람과 별반 달라 보이지 않는 신입니다. 우리가 가진 민속신앙 속에서도 신의 개념은 사람과 비슷한 이미지입니다. 그렇기 때문에 마치 사람처럼 신을 기쁘게 하기 위해 무엇을 갖다 바치거나 정성을 보이면 신이 감복해서 우리가 원하는 소원을 들어준다고 생각합니다. 신이 노한 것을 풀어주기 위해 굿이나 푸닥거리를 하기도 합니다.

그러나 성경에 나타난 하나님은 인간보다 조금 더 우월한 존재가 아니라 절대적인 차이를 가진 분이십니다. '이는 내 생각이 너희의 생각과 다르며 내 길은 너희의 길과 다름이니라 여호와의 말씀이니라'(사 55:8). 주기도문 첫 문장을 보십시오. '하늘에 계신 우리 아버지여'라고 할 때 우리가 믿는 하나님은 '하늘에 계신 분'이십니다. 여기에서 말하는 하나님이란 우리 인간과는 질적으로 다른 초월자이심을 나타냅니다.

이방종교 중에는 인간의 노력으로 신적인 단계에 오를 수 있다고 주장하는 종교가 있습니다. 불교만 하더라도 스님들이 열심히 수행하는 이유가 여기에 있습니다. 즉, 득도해서 열반의 경지에 이르기 위해서입니다. 열반의 경지에 오르면 곧 자신이 부처가 되는 것입니다. 거대한 우주를 하나의 신으로 보고, 그 우주의 일부인 인간도 명상이나 참선 등을 통해 신이 될 수 있다는 뉴 에이지(New Age) 운동도 이와 비슷한 사상입니다. 그러나 성경은 절대자 하나님과 인간은 엄연한 차이가 있고, 결코 인간이 하나님과 같아질 수 없음을 말씀합니다.

그렇기 때문에 우리는 절대자 되신 하나님을 경외하며 겸손한 마음으로 나아가야 합니다. 과거 유대인들은 하나님의 이름을 함부로 부를 수 없다고 하여 성경에 하나님 이름이 나올 때마다 '주님'(아도나이)이라고 바꾸어 불렀습니다. 우리가 그렇게까지 해야 하는 것은 아니지만 하늘에 계신 하나님을 마치 동네 친구처럼 너무 가볍게 여기고 있지는 않은지 돌아보아야 합니다. 그물이 찢어질 듯이 많은 물고기를 잡는 기적을 체험한 베드로는 예수님이 하나님의 아들이신 것을 깨닫고서는 곧장 "주여 나를 떠나소서 나는 죄인이로소이다"라며 엎드립니다(눅 5:8). 성전에서 하나님의 영광을 본 이사야도 "화로다 나여 망하게 되었도다"라고 탄식합니다(사 6:5). 하나님을 만난 사람들의 첫 반응은 자신이 얼마나 하찮은 죄인인지 깨닫고 엎드린다는 것입니다. 하늘에 계신 하나님을 만난 사람이라면 공예배 시간에 준비되지 못한 복장을 하고서 졸고 있을 수 있을까요? 하나님의 이름을 거들먹거리면서 거짓말할 수 있을까요?

또한 하늘에 계신 하나님이란 세상을 초월하여 무한한

능력을 가지신 분이라는 의미를 내포하고 있습니다. 그렇기 때문에 그 하나님께서는 우리 기도를 듣고 응답할 능력이 있다는 것입니다. 우리가 아무리 열심히 간구한들 그 간구를 들어줄 능력이 안 되는 하나님이라면 무슨 소용이 있겠습니까? 아버지가 사랑하는 아들에게 "아버지한테 부탁할 거 있으면 말해 봐. 다 들어줄게"하고 큰 소리쳤는데 수중에 땡전 한 푼 없다면 그 얼마나 허망한 말입니까? 바꾸어 말하자면 우리의 기도 대상인 하나님은 땅에 매인 존재가 아니라 하늘에서 우주만물을 다스리는 전능하신 분이기 때문에 무엇이든 들어주실 수 있다는 뜻입니다. 그렇다면 이 하나님께 기도한다는 것이 얼마나 든든한 일인가요?

세상의 모든 이방 신들은 땅에 매인 존재들이기 때문에 아무런 능력도 없고, 생명도 없습니다. 갈멜산에 오른 바알 선지자들은 해가 저물도록 자기들이 차려 놓은 제단에 불이 내리기를 바알에게 부르짖고 또 부르짖었지만 아무런 응답을 받지 못했습니다. 그러나 엘리야 선지자는 무너진 여호와의 제단을 다시 쌓은 뒤에 하나님께 간절히 기도했더니 하늘에서 불이 내려서 제단뿐만 아니라 제단 주위 도랑까지도 완전히 살라 버리는 기적을 체험합니다. 이처럼 우리 기도를 들으시는 하나님은 세상의 다른 신과는 비교할 수 없는 분이십니다. 하늘에서 왕으로 모든 만물을 통치하시는 분이시기에 얼마든지 우리 기도에 응답하실 수 있습니다.

'자기 아들을 아끼지 아니하시고 우리 모든 사람을 위하여 내 주신 이가 어찌 그 아들과 함께 모든 것을 우리에게 주시지 아니하겠느냐'(롬 8:32).

아버지 되신 하나님

어느 토크쇼 프로그램을 보았더니 출연자 한 사람이 자기는 인기 절정의 톱스타 아무개와 친분이 있다는 것을 과시하여 주위 사람들의 부러움을 샀습니다. 그러자 그 옆에 있는 사람이 '나는 그분과 형님 동생하는 사이'라며 자신이 더 가까운 사이라고 자랑스레 말하는 것이었습니다. 우리 중에도 누구나 알만한 유명인사와 친분이 있다면 그걸 자랑스럽게 여기고 주변에 떠벌리지 않겠습니까?

그런데 그 유명인사가 단지 잠시 잠깐 인기를 얻고 사라지는 인물이 아니라 대통령이나 재벌보다 큰 영향력을 가진 존재라면 어떨까요? 그것도 그냥 친분이 있는 정도가 아니라 아버지와 아들의 관계라면 어떻겠습니까? 집 밖을 나서면 어디에 가더라도 '내가 이런 사람이오' 하고 과시하고 다니지 않을까요?

사실 우리 곁에는 천지만물을 다스리시는 하나님 아버지가 계십니다. 우리는 신앙생활을 하면서 너무나 익숙하게 하나님을 '아버지'라고 불러 왔기 때문에 하나님이 '우리 아버지' 되신다는 사실에 둔감해진 것이 사실입니다. 그저 친구 아버지 부르는 것처럼 아무런 감흥이 없다시피 부르고 있는 실정입니다. 그러나 우주의 주인 되신 하나님이 우리의 아버지가 되어 주신다는 것이 얼마나 큰 특권인지 상상이 가십니까?

저희 집 아이들은 때때로 목양실에 있는 제 노트북으로 유튜브를 보고, 서랍에 감추어 둔 간식도 맘대로 꺼내 먹고 제대로 정리하지도 않고 나갑니다. 교인 중에 아무리 목사와 가깝다고 해도 누가 이런 행동을 할 수 있을까요? 이것은 아버지가 목사니까 가능한 일입니다. 물론 우리가 하나님을 이렇게 함부로 대해도 된다는 의미는 아니지만 하나님이 우리와 이만큼 가깝고 친밀한 관계라는 것을 말해줍니다. 하나님을 감히 아버지라 부르다니 이것은 하나님을 가까이 섬기는 천사들조차 누리지 못한 특권입니다.

이슬람교에서 그들이 믿는 하나님은 저 하늘 꼭대기에 홀로 앉아 독야청청한 분이시지만 타락한 세상에는 내려오지 않는 분입니다. 그렇기 때문에 그들은 우리가 하나님을 아버지로 부르고, 우리는 그분의 자녀라고 하는 것을 아주 불경하다고 여깁니다. 그들에게 하나님은 두려워할 대상, 심판의 주, 경외의 대상이지 친근하고 자비하신 아버지로서는 전혀 바라보지 않습니다. 하나님과 인간의 관계를 철저한 주종 관계로 보고 그들은 하나님을 복종해야 할 주인님으로만 여기지 하나님과 사람 사이에 어떠한 친밀감도 허용하지 않습니다.

주기도문에서 '하늘에 계신'이라고 할 때 하나님은 우리가 범접하지 못할 초월해 계신 절대자이시지만, '우리 아버지'라고 할 때의 하나님은 우리 곁에 계시는 자애롭고 친밀한 분이라는 의미를 담고 있습니다. 그래서 여기에서 말하는 아버지는 우리 곁에서 돌보시고 늘 보살피시는 아버지를 의미합니다. 다시 말해 하늘에 계시다는 것은 우리와 구별되는 높으신 분임을 뜻하지만 그 분이 아버지라고 부름으로서 그저 멀리 계셔서 나와 상관없는 분이 아니라 아버지처럼 우리를 돌보시는 분이라는 것입니다. 이슬람에서 말하는 하나님처럼 저 하늘 꼭대기에 계시면서 팔짱 끼고 우리를 내려다보시는 분이 아니라, 친히 아버지가 되셔서 우리 곁에 계신 분입니다.

하나님이 죄인 된 우리를 용서해 주시면서 '이제부터 너희는 내 종이다'라고 하실 수도 있었을 텐데 종처럼 대우하지 않고 자녀로 삼아주신 것은 대단한 영광입니다(요 1:12). 만일 우리가 하나님의 종으로만 부름받았더라면 그저 시키는 일만 해야 할 뿐, 하나님께 아무것도 구하지 못했을 것입니다. 그러나 자녀는 아버지의 모든 소유를 상속받을 자격을 가졌습니다. 또한 아버지는 모든 좋은 것을 자녀에게 주려고 합니다. 그렇기 때문에 자녀는 아버지에게 당당히 요구할 수 있습니다.

원래 우리는 이럴만한 자격이 전혀 없고 오히려 하나님과 원수 된 자였으나 그리스도의 공로로 하나님을 아버지라 부를 수 있게 된 것입니다(롬 5:10). 아버지 되신 하나님은 우리를 위해 모든 것을 주실 준비가 되어 있습니다. 단지 우리는 그 이름을 부르며 아버지의 너른 품에 안기면 되는 것입니다.

우리들의 하나님

오늘날의 교회는 갈수록 개인주의화가 심해져서 같은 교회를 다니면서도 누가 누구인지 알지 못하는 경우가 허다합니다. 하나님과 나와의 수직적인 관계는 중요하게 여기지만 나와 다른 성도들 사이의 수평적인 관계는 그다지 중요하게 여기지 않습니다. 주일에 예배드리기 위해 함께 모여도 한자리에 같이 앉아 있다는 것뿐이지 주변 교인들을 돌아보고 살피는 것은 뒷전인 경우가 많습니다. 심지어 교인들과 얽히는 것이 싫다고 등록도 하지 않고 예배 때만 교회에 왔다가 끝나기가 무섭게 돌아가는 교인들도 적지 않습니다.

그런데 하나님이 우리에게 요구하시는 신앙은 교회공동체를 중심으로 한 신앙입니다. 성부, 성자, 성령 삼위일체하나님은 공동체적으로 존재하는 분입니다. 삼위 하나님은그 안에서 무한한 사랑과 교제의 기쁨을 나누십니다. 이러한 기쁨을 맛보라고 사람을 만드실 때도 남자와 여자를 만드셔서 공동체로 존재하게 하셨습니다. 물론 죄가 들어와 그 관계가 깨어졌지만 그럼에도 그리스도 안에 회복된 사람들은 하나님이 원하시는 공동체를 세워 가야 합니다. 하나님은 그분의 백성들을 부르실 때도 개별적으로 불러서 홀로 신앙생활 하게 하지 않으시고, 교회를 통해 부르셔서 함께 신앙생활 하게 하십니다.

주님께서 기도를 가르쳐주실 때 '우리 아버지여'라고 부른 것에 대해 한국인들은 그 의미를 놓치기 쉽습니다. 왜냐하면 한국인들은 대화 중에 '내 아버지'라는 말을 '우리 아버지'라고 사용하기 때문에 주기도문에 나오는 '우리 아버지'를 '내 아버지'로 착각하기 쉽습니다. 그러나 여기에서 말하는 바는 '하나님은 우리 모두의 아버지'라는 의미입니다. 여기에 나오는 '우리'는 하나님을 믿는 모든 성도들을 말합니다. 즉 내가 믿는 하나님은 나의 아버지만 되는 것이 아니라 교회를 이루고 있는 우리 모두의 아버지시라는 것입니다.

그런데 모두가 한 하나님을 믿고 그분을 '우리 아버지'라고 부르고 있음에도 불구하고 자녀 된 성도들끼리 서로에게 관심이 없다면 어떻겠습니까? 부모 슬하에 여러 자녀들이 있는데 이 아이들이 한 집에 살면서도 같이 놀지도 않고, 이야기도 안 하고 그냥 남 보듯이 생활하면서 개별적으로 부모와만 교류한다면 어떻겠습니까? 서로 어울리지 않는 자녀들을 본다면 부모로서 마음이 찢어지지 않겠습니까? 하늘의 아버지께서도 서로 교류도 없이 신앙생활 하는 자녀들을 볼 때 얼마나 안타깝겠습니까? 사람들의 생활방식이 개인주의화 되어 가면서 신앙생활마저도 개인주의적으로 하는 사람들이 많습니다.

우리가 세상에 태어나면서부터 가족이라는 공동체에 속하면서 자라듯이 우리 신앙생활도 마찬가지입니다. 하나님을 우리 아버지라고 부르는 신앙 공동체 속에 있어야만 우리의 신앙이 자라납니다. 그래서 교부 키프리안(Thascius Caecilius Cyprianus, 200–258)은 '교회를 어머니로 가지지 않은 자는 하나님을 아버지로 모실 수 없다'라고 했습니다. 우리는 교회에 속할 뿐만 아니라 교회의 가르침에 따라야 합니다. 그리고 교회 안에 속한 형제, 자매들을 돌아보아야 합니다. 같은 하나님을 섬기는 가족인데도 전혀 누가 누구인지 신경도 쓰지 않고, 돌아보지 않는다면 어떻게 한 가족이라 할 수 있겠습니까? 하나님은 우리 모두의 아버지이고, 우리는 그 안에 서로 돌아보아야 할 한 가족이라는 사실을 기억해야 합니다. 이것은 단지 내가 출석하는 교회만 의미하는 것이 아니라 같은 믿음을 가진 전 세계 모든 교회가 다 한 가족이라는 것입니다.

　우리의 신앙이 교회 공동체를 중심으로 한다면 기도의 내용도 달라져야 합니다. 하나님과 나와의 일대일 관계만 중요하게 여긴다면 기도의 내용은 내가 잘되고, 복 받고, 내 소원이 이루어지는 것이 중심이 될 수밖에 없습니다. 그러나 '우리 아버지여'라는 기도를 하게 될 때에 내 주변의 어려운 성도들을 살피게 되고, 내가 출석하는 교회뿐만 아니라 하나님을 아버지라 부르는 이 땅의 모든 교회를 돌아보면서 우주적인 기도를 하게 됩니다.

Q. 주기도문에 기초해서 기도를 배워 본 적이 있습니까? 나의 기도생활에 제일 큰 영향을 준 대상이나 가르침은 무엇인가요?

Q. 기도를 무엇이라고 생각하십니까? 1장에 비추어서 나의 기도생활은 어땠는지 돌아봅시다.

Q. 우리 주변에서 찾아볼 수 있는 잘못된 기도의 예를 들어보고, 왜 잘못인지 말해 봅시다.

Q. 1장에서 말하는 하나님은 어떤 하나님인가요? 이 하나님이 내기도생활에 어떤 의미가 있는지 말해 봅시다.

기독교 사용 설명서 6 | 주기도문

제2장
하나님 나라를 위한 기도

제2장
하나님 나라를 위한 기도

하나님의 영광이 먼저입니다

주님께서는 우리가 기도드려야 할 대상을 가르쳐 주신 다음에 곧장 간구의 기도를 드리십니다. 그런데 첫 번째 간구에서 주님은 '(하나님의) 이름이 거룩히 여김을 받으십시오'라고 하십니다. 대통령이나 장관같이 중요한 위치에 있는 사람들이 신년사나 취임사를 할 때 첫 번째로 언급하는 말은 그 사람이 제일 우선순위에 두는 것이 무엇인지 알려줍니다. 주님께서 제자들에게 기도를 가르쳐주시는데 제일 먼저 간구해야 할 내용이 '하나님의 이름이 거룩히 여김 받는 것'이라면 이것이야말로 주님이 가장 중요하게 여기는 가치임을 말해줍니다.

그렇다면 '하나님의 이름이 거룩히 여김을 받는다'는 것은 무슨 뜻일까요? 하나님은 그 속성이 거룩하신 분입니다(벧전 1:15). 그런데 그 거룩하신 분이 거룩히 여김을 받는다는 것은 하나님의 본래 모습이 손상되지 않고 거룩하신 모습이 그대로 드러나기를 원한다는 간구입니다. 이것은 곧 세상 가운데 하나님의 영광이 나타나기를 소원하는 기도입니다.

사실 하나님은 이미 영광으로 충만한 분이시기 때문에 우리가 돌리는 영광이 필요 없으신 분입니다. 주기도문에서 이름이 거룩히 여김을 받으시라는 간구는 '우리가 하나님의 이름을 거룩하게 할 테니 거룩히 여김을 받으세요'라는 의미가 아닙니다. 우리는 이미 죄로 더럽혀진 존재들이기 때문에 어떤 행실로 하나님을 거룩하게 해 드릴 만한 존재가 되지 못합니다. 그런데 많은 사람들이 자기 행실로 하나님께 영광을 돌리려고 애를 씁니다. 뭔가 남보다 뛰어난 업적이나 능력을 발휘해야만 하나님이 영광받으신다고 생각합니다. 그러나 우리 행실로는 하나님의 영광이나 거룩함을 덧붙일 수가 없습니다.

다만 우리는 하나님이 행하신 일을 인정하고 높여드리는 일만 할 따름입니다. '하나님의 사랑이 이렇게 놀라운 것인지 미처 몰랐습니다.' '하나님이 만드신 자연 만물이 너무나 아름답습니다.' 이런 고백이야말로 하나님이 우리에게 원하시는 것입니다. 하나님께 뭘 해 드려서 영광 돌리려고 하지 마십시오. 하나님께서 우리를 위해 행하신 일에만 집중하면 됩니다. 하나님만이 스스로의 영광과 거룩을 위해 일하시는 분입니다. '여러 나라 가운데에서 더럽혀진 이름 곧 너희가 그들 가운데에서 더럽힌 나의 큰 이름을 내가 거룩하게 할지라'(겔 36:23). 그렇기 때문에 여기에서 '이름이 거룩히 여김을 받으소서'라는 의미는 하나님께서 스스로 그 이름을 거룩하게 하신다는 뜻입니다.

우리는 기도를 할 때 하나님의 이름을 부르고서는 곧장 내 필요를 구하는 기도로 향하는 경우가 많습니다. 내 앞에 당면한 문제들이 너무 커 보이고 다급하게 느껴지기 때문에 다른 기도할 내용은 눈에 들어오지 않는지도 모릅니다. 그러나 우리는 주님이 가르쳐 주신 기도를 통해서 기도의 우선순위를 정확하게 보아야 합니다. 주님은 다른 간구보다 하나님의 이름이 거룩히 여김받기 원하는 기도를 먼저 하십니다. 그것은 곧 하나님의 영광을 간구하는 기도가 제일 우선되어야 한다는 것을 말해줍니다. 그리고 두 번째로는 하나님의 나라를 구하고, 세 번째로는 하나님의 뜻을 간구하라고 하십니다.

이런 기준을 가지고 우리 자신의 기도 내용을 잘 살펴봅시다. 우리 기도 중에 하나님의 영광을 간구하는 기도가 얼마나 됩니까? 하나님은 제쳐 두고 온통 내 필요를 구하는 기도에 몰두하고 있지는 않습니까? 하나님의 이름이 세상 사람들에 의해 손상당하고 하나님의 영광이 땅에 떨어졌는데도 불구하고, 거기에는 전혀 관심도 기울이지 아니하고 오로지 나의 아픔과 내 고민거리만 가지고 하나님 앞에 나아가는 모습이 옳겠습니까? 우리의 기도생활이 더욱 성숙하려면 이제부터 주기도문의 순서에 따라 나의 필요를 간구하기 앞서서 하나님의 이름이 거룩히 여김을 받도록 하나님의 영광을 구해야겠습니다.

하나님의 명예를 지켜드려야 합니다

주기도문에서 '이름이 거룩히 여김을 받으시오며'는 하나님의 영광을 간구하는 기도입니다. 즉 세상에서 하나님의 이름이 높임받기를 소원한다는 의미입니다. 하나님의 이름이 높아지려면 하나님을 섬기는 성도들이 믿는 자다운 삶을 살아야 합니다. 과거 로마제국에서 기독교인들이 보여준 모습을 보십시오. 서로 사랑하고 진심으로 섬기는 삶의 태도는 로마 시민들도 감동시켰으며, 죽음 앞에서 의연한 모습은 '저들이 믿는 하나님은 과연 어떤 분이실까?' 하는 의문을 불러일으켰습니다. 기독교를 탄압하던 로마제국 치하에서 기독교가 성장한 것은 우연한 일이 아닙니다.

그런데 오늘날 우리 주변에서는 하나님의 이름에 먹칠을 하는 일들이 수시로 일어납니다. 목회자들의 탐욕, 교회 비리, 신자들의 범죄 등 우리 스스로가 하나님의 영광을 가리고 있습니다. 세상을 변화시켜야 할 교회가 오히려 개혁의 대상으로 전락해 버렸습니다. 현재 겪고 있는 교회의 위기가 외부의 공격으로 인해 비롯되었다는 주장도 있지만 우리 신자들이 자초한 측면이 크지 않은지 돌아보아야 할 것입니다. 이렇게 하나님의 명예가 땅에 떨어진 시대에 살면서 오늘 우리는 얼마나 이 사실에 대해 안타까워하고 있습니까? 내가 욕을 먹고, 내 명예가 실추되는 것에는 엄청나게 속상해 하면서 하나님의 명예가 손상되는 것에는 얼마나 민감하게 반응하고 있습니까?

아버지 심부름으로 블레셋과의 전쟁에 나간 형들에게 먹을 것을 갖다 주러 간 다윗은 거기에서 하나님과 이스라엘을 모욕하는 골리앗을 보게 됩니다. 그런데 그런 모욕적인 소리를 듣고도 이스라엘 군대 내에서 대항하려 하는 사람이 없습니다. 모두 골리앗의 풍채를 보고 겁에 질려 두려워할 따름입니다. 그러나 다윗은 이렇게 말합니다. "이 할례받지 않은 블레셋 사람이 누구이기에 살아계시는 하나님의 군대를 모욕하겠느냐"(삼상 17:26). 다윗은 하나님의 이름이 조롱당하는 현실을 그냥 두고 보지 못했습니다. 그래서 사울 왕에게 골리앗과 맞서 싸우고 싶다고 당당하게 말합니다. 결국 다윗은 물맷돌로 거인 골리앗을 한 방에 쓰러뜨리는 승리를 거두었을 뿐만 아니라 훗날 이스라엘을 대표하는 왕으로 우뚝 서게 됩니다. 이처럼 하나님은 당신의 명예가 손상되는 것을 안타까워하면서 하나님의 명예 회복을 위해 분연히 일어서는 사람을 사용하십니다.

이와 반대로 하나님의 이름을 더럽히고 욕되게 하는 자에 대해 하나님은 분노하며 심판하십니다. 엘리 제사장의 두 아들 홉니와 비느하스는 불량한 사람들이었습니다. 그래서 하나님께 바쳐진 제물을 제멋대로 취했을 뿐만 아니라 성막에서 수종 드는 여인들을 범하기까지 합니다. 이들은 하나님의 명예를 심각하게 훼손하는 일들을 서슴없이 행했습니다. 하나님은 이같이 자신의 명예를 겁 없이 손상시키는 자들을 가만두지 않으십니다. '나를 존중히 여기는 자를 내가 존중히 여기고 나를 멸시하는 자를 내가 경멸하리라'(삼상 2:30). 홉니와 비느하스는 결국 전쟁터에 나가 죽임을 당했고, 그의 아버지 엘리 제사장은 아들들이 전쟁터에서 죽었다는 소식에 충격을 받아 죽었습니다. 그뿐만 아니라 그 가문 전체가 멸문지화를 당하는 무시무시한 벌을 받습니다.

하나님의 이름이 거룩히 여김을 받으시길 간구하는 기도는 기본적으로 하나님의 명예가 손상되는 현실에 관심이 없는 사람이라면 할 수 없는 기도입니다. 하나님이 조롱당하고, 하나님의 영광이 땅에 떨어진 현실에 분노하고 애통해하면서 하나님의 명예 회복을 위해 열심을 다하는 사람만이 이 기도를 할 수 있습니다. 그렇기 때문에 같은 기독교인이라고 하면서도 하나님의 명예를 실추시키는 사람들을 향하여 그런 행위를 그치라고 말할 수 있어야 하며, 하나님이 없다고 하는 자들에 대하여는 우리의 삶으로 하나님의 살아계심을 증거할 수 있어야 합니다. 또한 하나님의 하나님 되심을 만백성들이 깨닫고 인정하게 되기를 바라는 마음으로 이 기도를 드려야 할 것입니다.

하나님 나라가 오게 하소서

요즘은 '하나님 나라'라는 말을 많이 쓰지만 과거에는 '천국'이라는 용어를 더 많이 썼습니다. 그리고 천국이라는 의미를 생각할 때 죽어서 하나님 곁으로 가는 저세상이라 여겼고, 이 땅은 죄가 가득하여 소망 없는 곳, 장차 불타 없어질 곳이라는 생각이 강했습니다. 그러나 갈수록 하나님 나라에 대한 이해가 높아지면서 더 이상 '죽어서 가는 하늘나라'(미래적 의미)만 강조하지 않고, '이 땅에 임하는 하나님 나라'(현재적 의미) 또한 균형 있게 다루고자 하는 움직임이 강하게 일고 있습니다.

'나라가 임하시오며'라는 기도는 하나님이 친히 임재하셔서 다스려 달라는 간구입니다. 예수님 당시 유대인들은 메시아가 오면 로마제국에 의해 압제당하는 자신들의 비참한 신세를 면하게 해 줄 뿐만 아니라 다윗의 영광을 재현하는 왕국으로서의 하나님 나라를 바라보고 있었습니다. 그래서 예수님이 나타나셨을 때 그들은 굉장한 기대감으로 예수님을 바라보았지만 그들이 바랐던 정치적인 메시아가 아니란 것을 알게 되었을 때 실망한 나머지 그분을 십자가에 못 박고 말았습니다. 그러나 예수님이 우리에게 보여주신 하나님 나라는 힘과 권력으로 세상을 굴복시키고 사람들을 강제로 복종시키는 그런 나라가 아니었습니다.

예수님은 "하나님의 나라는 볼 수 있게 임하는 것이 아니요 또 여기 있다 저기 있다고도 못하리니 하나님의 나라는 너희 안에 있느니라"고 말씀하셨습니다(눅 17:20-21). 하나님 나라는 무력으로 다른 세력을 짓밟고 일어서는 세상 나라가 아니라 이미 하나님의 통치를 받고 있는 믿는 자들 안에 임재한 나라라는 것입니다. 즉, 하나님 나라는 지금 이 시간에도 하나님의 통치를 받는 모든 사람, 모든 영역 안에서 이루어지고 있습니다. 그러나 하나님 나라가 완성된 것은 아닙니다. 하나님 나라의 완성은 주님이 다시 오실 때에 이루어질 것입니다. 그렇기 때문에 우리는 하나님 나라의 완성을 위해 기도해야 합니다.

그렇다면 어떤 기도를 해야 할까요? 먼저는 우리 자신이 하나님의 통치를 받는 삶을 살도록 기도해야 합니다. 대한민국에 살면서 대한민국의 정부를 따르지 않고 북한 정부를 찬양하고 동조한다면 그 사람은 어떻게 될까요? 아마도 국가보안법 위반으로 감옥에 가게 될 것이 분명합니다. 그런데 하나님을 믿는다고 하면서 하나님의 통치를 받는 것을 즐겨 하지 아니하고 사탄으로부터 비롯된 쾌락과 육체의 방종을 추구하려는 사람들이 있습니다. 그런 사람을 하나님의 백성이라고 부를 수 있을까요? 하나님의 백성이라면 하나님의 통치 안에 있어야 합니다. 사람들은 누구나 죄성을 가지고 있기 때문에 사탄의 통치전략에 현혹당하기 쉽습니다. 그러한 유혹을 끊고 우리는 하나님께 성령과 말씀으로 우리를 다스려 달라고 기도해야 합니다.

교회는 하나님의 통치를 받는 사람들의 모임입니다. 그러므로 교회는 이 세상 가운데 하나님 나라를 보여주어야 합니다. 그래서 여전히 사탄의 치하에서 신음하는 사람들에게 의와 평강과 희락 가운데 임하는 하나님 나라를 보여줌으로 하나님의 통치를 받는 것이 얼마나 좋은 것인지 비교해 보게 해야 합니다. 예루살렘교회는 서로 물건을 통용하고 소유를 팔아 가난한 사람들을 돕기도 하면서 주변에 하나님의 통치를 받는 삶이 어떤 것인지 보여주었습니다. 이렇게 교회가 하나님 나라를 보여줌으로 하나님 나라가 확장되어 가기를 기도해야 합니다.

우리가 사는 이 땅은 하나님 나라가 임하였으나 아직 완성되지 않은 곳입니다. 여전히 사탄과 치열한 싸움이 계속되고 있습니다. 물론 이 싸움의 승패는 이미 가려져 있습니다. 지금 사탄이 날뛰는 것은 패잔병인 사탄의 최후 발악에 불과합니다. 그렇지만 우리는 하나님의 전신갑주로 무장하고 악의 세력과 싸워야 합니다. 사탄은 하나님 나라의 훼방꾼입니다. 우리 힘으로는 사탄을 물리칠 수 없을뿐더러 우리가 하나님 나라를 오게 할 수도 없습니다. 그렇기 때문에 우리는 날마다 '하나님 나라가 오게 하소서'라고 기도함으로 사탄의 권세를 물리치고 하나님 나라의 완성을 기대해야 합니다.

하나님 나라의 확장을 구합시다

주님이 가르쳐 주신 기도 내용 중에 '하나님의 나라가 임하게 해 달라'는 기도는 아직 완성되지 않은 하나님 나라가 점점 확장되어 완성되기를 비는 기도입니다. 교회는 하나님 나라의 모델하우스와 같습니다. 우리는 아파트가 지어지지 않아도 모델하우스에 가 보면 세워질 아파트가 어떻게 생겼는지, 구조는 어떠한지 알 수 있습니다. 하나님 나라도 마찬가지입니다. 세상에 종말이 찾아오고 최후의 심판이 있은 뒤에야 비로소 우리 모두는 완전한 하나님 나라를 경험하겠지만 그 이전에 이미 우리가 사는 이 땅에서 하나님 나라를 경험할 수 있습니다. 바로 교회를 통해서 말입니다. 사람들이 모델하우스를 가 보고 "나도 이런 집에 살고 싶다"고 말하는 것처럼 세상 사람들이 교회를 통해서 '하나님 나라가 바로 저런 곳이구나. 나도 저 사람들과 함께하고 싶다' 이런 마음이 들어야 합니다. 그렇게 해서 하나님 나라는 확장되어 갑니다.

그런데 오늘날 교회가 세상 사람들에게 그런 매력을 보이는지 곰곰이 생각해 봐야 합니다. 오히려 '당신이 믿는 하나님이라면 나는 안 믿겠다', '그런 천국은 당신들이나 가라'는 말이 들려옵니다. 초대교회가 로마제국의 핍박을 받으면서도 성장했던 것은 성령님의 강한 역사도 물론 있었지만, 세상 사람들에게 충분히 매력적이었기 때문에 사람들이 교회로 몰려든 것입니다. 당시에 예수를 믿는다는 것은 황제 숭배를 거부하는 불법행위였습니다. 그런데 그런 위험을 감수하고서라도 교회로 사람들이 몰려들었다는 것은 충분히 그 사람들의 마음을 움직이는 그 무엇이 교회에 있었기 때문입니다. 그것이 무엇일까요?

바로 그들은 교회 안에 살아 숨 쉬는 하나님 나라를 보았기 때문입니다. 당시 사회는 신분 간의 차별, 남녀 간의 차별, 빈부의 차별 등 이와 같은 차별이 있었지만 교회는 이와 같은 차별이 사라진 또 다른 세상이었습니다. 노예라도 교회에서는 지도자가 될 수 있었습니다. 여성도 존중을 받았습니다. 세상에서는 철저히 자기 것을 움켜쥐고 남을 짓밟고 일어서야 했는데 교회는 서로를 섬기고 자기 것을 전혀 개의치 않고 내어주는 그런 곳이었습니다. 이런 모습을 보면서 위험을 무릅쓰고 '아, 나도 저들이 믿는 하나님을 믿고, 하나님 나라를 꿈꾸며 살아야겠다'고 나선 것입니다. 오늘 우리에게 필요한 것이 바로 이것입니다.

구호로 '사랑과 행복의 공동체' 이런 말이 아니라 삶으로 하나님 나라를 보여주어야 합니다. 세상과는 다른 방식으로 사는 모습을 보여주어야 합니다. 북한에서는 선전문구에 '우리는 지상낙원이다', '세상에 부러울 것이 없어라'라는 문구들을 게시해 놓고 있는데, 그 얼마나 우스운 일입니까? 실제 삶은 피폐하면서 겉으로는 행복하다고 외치는 모습이 안쓰럽기도 합니다. 자칫하면 교회가 그렇게 될 수 있다는 것입니다. 겉으로는 '우리는 하나님 나라의 공동체'라고 하면서 실제로는 전혀 그렇지 않는 모습을 보인다면 북한의 선전문구와 다를 바가 없는 것입니다.

교회는 확연하게 세상과 다른 모습을 보여주어야 합니다. 세상은 '돈이 최고야', '권력과 학벌과 연줄이 있어야 행복할 수 있어'. 이렇게 외치지만 교회는 그런 논리가 통용되지 않는 곳이어야 합니다. 한마디로 세상의 사고방식이나 세상의 논리가 교회 안에서는 통하지 않고, 세상과 다른 독특한 하나님 나라의 원리만이 교회에서 통용되어야 합니다. 예를 들어 경제적 이유로 자녀를 많이 낳지 않는 이 시대에 하나님이 키워주신다는 믿음을 가지고 교인들은 자녀를 많이 낳는 것입니다. 물론 교회도 적극적으로 이런 가정들을 도와야 할 것입니다. 그렇게 해서 다복하고 웃음꽃 피는 가정을 보여주면 자녀 출산에 부정적이었던 믿지 않는 사람들도 관점이 점점 바뀔 것이고, 교회는 뭔가 다르다는 것을 느낄 것입니다.

'하나님의 나라가 임하소서'라고 기도만 해서는 안 됩니다. 실제로 우리는 교회를 통해서 하나님 나라가 확장되도록 힘을 기울여야만 합니다. 그것은 세상과 다른 방식으로 생각하고 사는 모습을 보이는 것입니다. 세상의 방식을 따르지 않아도 얼마든지 행복과 만족을 누리면서 살 수 있음을 자신 있게 보여주어야 합니다. 그런 삶이 뒷받침될 때 하나님 나라를 구하는 기도는 더욱 호소력 있게 하나님 앞에 상달될 것입니다.

하늘의 뜻을 받들고 있습니까?

2019년에 개봉하여 천만 관객을 돌파한 〈극한 직업〉이라는 영화를 보면, 마약반 형사들이 범인 검거를 위해서 통닭집을 인수합니다. 원래 목적은 간판만 통닭집이라고 걸어놓고 가게 맞은편에 머물고 있는 범죄 용의자들의 동태를 가까이에서 살피기 위함이었는데 손님들이 통닭 주문을 해오니까 마지못해 통닭을 튀기기 시작합니다. 그런데 의도하지 않게도 통닭이 맛있다고 소문나서 졸지에 인기 맛집이 되었고, 형사들이 범인을 잡는 본업보다 통닭을 튀기는 일에 더 몰두하게 되었습니다. 처음엔 신나게 가게 일을 했지만 시간이 지나면서 형사들은 자신들이 진짜 해야 할 일이 무엇인지 돌아봅니다.

형사가 해야 할 일은 범죄자들을 잡아들이는 일입니다. 그것이 그들이 맡은 사명이고, 상부의 뜻이기도 합니다. 그런데 형사가 범인 잡는 것은 뒷전이고 장사가 잘된다고 하여 매일 닭만 튀기고 있다면 형사의 본분을 망각한 것입니다. 물론 처음 의도는 범인을 잘 잡기 위해 시작한 일이지만 나중에는 통닭집 운영이 범인 잡는 일에 방해가 되고 말았습니다.

주기도문에서는 '뜻이 하늘에서 이루어진 것 같이 땅에서도 이루어지이다'라고 고백합니다. 주님께서는 우리에게 하늘의 뜻이 이 땅에서도 이루어지기를 간구하라고 하십니다. 우리의 필요를 아뢰는 것보다 더 중요한 것이 하나님의 뜻이 이루어지는 것입니다. 즉, 우리의 주된 관심사는 내 뜻이 아니라 하나님 뜻이 성취되는 것이어야 합니다. 이것은 우리가 하나님으로부터 받은 사명이기도 합니다. 그런데 하늘의 뜻이 무엇인지 둔감하고, 그것이 이 땅에 실현되는 것에도 관심이 없다면 우리가 주기도문을 통해 '하늘의 뜻이 이 땅에서도 이루어지이다'라고 기도해 봤자 아무런 의미가 없습니다. 마치 범인을 잡아야 한다는 자신들의 사명을 다 잊어버리고 통닭집 운영에만 빠져 있던 형사들처럼, 오늘 우리는 하나님의 뜻과는 상관없이 이 땅에서 잘되고 번영을 누리는 일에만 집착하고 있는 것은 아닙니까?

엘리 제사장의 두 아들인 홉니와 비느하스는 아버지를 따라 제사장 직무를 맡은 사람들입니다. 그러나 이들은 하나님께 드릴 제사는 안중에도 없고 오로지 제물에만 눈이 어두워서 백성들이 가져온 제사드릴 고기를 자기 맘대로 취하여 여호와의 제사를 멸시하였습니다(삼상 2:17). 뿐만 아니라 성막에서 수종 드는 여인과 동침하기도 하는 등 하나님을 전혀 두려워하지 않는 모습을 보여주었습니다(삼상 2:22). 그들에게 제사장 직무는 자기 배를 불리고 욕망을 채우는 수단이었을 뿐, 하나님의 뜻을 받들어 실현하려는 의지는 전혀 없었습니다. 하늘의 뜻을 이루라고 제사장의 직무를 주셨건만 홉니와 비느하스는 육신의 정욕을 따라 사는 일에만 몰두하였기 때문에 하나님은 이들을 죽이셨을 뿐만 아니라 그 가문 전체가 망하도록 하십니다.

사람들이 하나님의 뜻에는 관심이 없고 내 뜻대로 살기 원하는 중요한 이유는 내 뜻대로 해야만 내 인생이 만족스

러울 수 있다고 생각하기 때문입니다. 이스라엘 백성들이 출애굽 이후 광야생활을 할 때 하나님은 그들에게 만나를 내려서 먹이십니다. 하나님은 백성들에게 하루 먹을 분량씩만 가져가서 먹게 했고, 안식일 전날에는 갑절로 거두게 하셔서 안식일에는 만나를 구하지 않도록 하셨습니다. 그런데 어떤 사람들은 하나님 말씀을 듣지 않고 욕심을 부려서 하루치보다 더 많은 만나를 가져갔다가 다음날 벌레가 생기고 악취를 풍기는 일이 발생했고, 안식일에 만나를 구하러 나섰다가 얻지 못하는 낭패를 당하기도 했습니다. 이들은 하나님 뜻대로 행하는 것이 비효율적이라고 생각했는지도 모릅니다. 그러나 결국은 우직해 보여도 하나님의 뜻대로 행하는 삶이 인생을 행복하게 만듭니다.

하나님은 우리에게 각양의 은사를 주시고, 다양한 일에 종사하게 하셨는데, 이 모든 것을 통해 우리는 하늘의 뜻을 받드는 일에 집중해야 합니다. 살다 보면 우리도 모르는 사이에 세상의 가치관에 젖어 들면서 하나님의 뜻은 뒷전이 되고 먹고사는 일이나 성공과 출세가 우리 마음을 가득 채우기도 합니다. 하늘의 뜻을 받들 것이냐, 내 욕심대로 살 것이냐, 우리는 날마다 두 마음을 놓고 싸웁니다. 그럴 때마다 우리는 주기도문의 이 구절을 기억해야 합니다. '뜻이 하늘에서 이루어진 것 같이 땅에서도 이루어지이다.' 이 기도는 우리에게 내 뜻이 아니라 하늘의 뜻을 받들고 살아야한다는 다짐을 하게 만듭니다.

하나님의 뜻은 무엇입니까?

우리는 기도를 통해서 우리 자신의 뜻을 관철하려는 생각을 버리고 하나님 아버지의 뜻이 이루어지기를 간구해야합니다. 그렇다면 '아버지의 뜻이 이 땅에서도 이루어지게 하옵소서'라고 기도할 때 여기에서 말하는 하나님의 뜻이란 무엇을 말할까요?

하나님의 뜻은 이미 드러난 뜻이 있고, 사람들에게 감춰진 뜻이 있습니다. 이미 드러난 뜻은 성경말씀을 통해 우리가 충분히 파악할 수 있는 내용들입니다. 가령 '네 이웃을 네 자신같이 사랑하라'(마 22:39)라든지 '너희는 온 천하에 다니며 만민에게 복음을 전파하라'(막 16:15). 이런 구절을 통해서 우리는 하나님의 뜻이 무엇인지 알 수 있습니다. 그러나 감춰진 뜻은 하나님이 깨닫게 하시기 전에는 알기 어려운 하나님의 뜻입니다. 예를 들어 내가 어떤 직장에 취업해야 할지, 어떤 사람과 결혼해야 할지, 왜 우리나라는 남북으로 분단이 되었는지 등 이런 문제에 있어서 하나님의 뜻을 알기란 쉽지 않습니다.

사실 우리는 이미 드러난 하나님의 뜻을 잘 깨닫고 순종하려는 마음보다 감춰진 하나님의 뜻을 알아내는데 더 많은 관심을 가집니다. 특히 개인의 문제와 관련된 일이라면 더욱 그렇습니다. 그러나 하나님이 우리에게 명백하게 가르쳐 주신 뜻은 쉽게 무시하면서 가르쳐주시지 않는 일에 대해서 하나님의 뜻을 알려고 하는 것은 바람직하지 않습니다. 우리의 일상에서 하나님이 특정 직업을 지정해서 이곳으로 가라고 하시거나 특정인과 결혼하라고 하시는 경우는 극히 드뭅니다. 우리가 겪는 대부분의 문제는 이미 드러난 성경말씀을 통해 해결받을 수 있습니다. 하나님이 명시적으로 '이렇게 하라'고 하시지는 않지만 성경말씀을 읽고 묵상하다 보면 하나님이 원하시는 방향을 어느 정도 파악하게 됩니다. 예를 들어, 직장을 선택할 때 '안식일을 지켜 거룩하게 하라'고 하셨으니 적어도 주일을 지키기에 방해되지 않는 직장으로 범위를 좁혀서 생각할 수 있습니다. 하나님은 말씀이라는 넓은 울타리를 쳐 주시고 그 안에서 자유롭게 선택할 권한을 우리에게 주셨습니다. 그렇기 때문에 점쟁이나 무당들처럼 콕 집어서 하나님이 점지해 주시기를 바라는 신앙은 이상한 방향으로 빠질 수 있으니 주의해야 합니다.

이렇게 본다면 우리가 집중해야 할 것은 하나님의 숨겨진 뜻이 아니라 이미 드러난 하나님의 뜻, 즉 말씀입니다. 말씀을 가까이하고 잘 이해하게 되면 숨겨진 하나님의 뜻도 완전히는 아니지만 어느 정도 파악할 수 있기 때문입니다. 하나님의 뜻이 담긴 성경은, 크게 두 가지를 우리에게 요구합니다. 주님께서 이렇게 말씀하셨습니다. '예수께서 이르시되 네 마음을 다하고 목숨을 다하고 뜻을 다하여 주 너의 하나님을 사랑하라 하셨으니 이것이 크고 첫째 되는 계명이요 둘째도 그와 같으니 네 이웃을 네 자신같이 사랑하라 하셨으니 이 두 계명이 온 율법과 선지자의 강령이니라'(마 22:37-40). 이것을 요약하면 '하나님 사랑'과 '이웃 사랑'입니다.

하나님의 뜻이 이것이라고 하면 좀 싱겁게 생각할 분들도 있을 것입니다. 너무나 익히 들어 왔고 잘 아는 내용이기 때문입니다. 우리는 이것을 '하나님과 이웃을 사랑해야지'라고 막연하게 이해하면 안 되고, 하나님 사랑과 이웃 사랑을 구체적으로 어떻게 실천해야 하는지 말씀을 통해 잘 살펴보아야 합니다. 예를 들어 이웃 사랑에 있어서 아주 중요한 부분은 아직 복음을 듣지 못한 사람에게 복음을 전해 주는 것입니다. 세상적 가치로 보자면 배고픈 사람에게 빵을 하나 주는 것이 더 이웃 사랑을 실천하는 것이라 여기겠지만 성경에 나타난 이웃 사랑의 가치는 사뭇 다릅니다. 그래서 우리는 성경을 통해 어떻게 하나님을 사랑하고 이웃을 사랑할 것인가를 잘 배워야 합니다.

사실 이 말씀대로 실천하는 일은 녹록하지 않습니다. 우리는 늘 하나님의 뜻대로 살기를 거부하는 본성과 싸워야 하기 때문입니다. '아버지의 뜻이 이 땅에서도 이루어지기 원합니다'라고 기도할 때 우리는 하나님을 사랑하고 이웃을 사랑하라는 하나님의 뜻을 다시금 되새겨 보아야 합니다. 그리고 우리는 이 기도를 통해 쉽게 하나님이 원하시는 뜻을 쉽게 잊어버리고, 행할 능력조차 상실한 채 살아가는 우리 자신을 애통해 하면서 성령님을 통해 하나님의 뜻대로 살아갈 힘을 달라고 간구해야 합니다.

하나님의 뜻은 어떻게 이루어집니까?

주님께서 제자들에게 기도를 가르쳐주실 때, 하늘의 뜻

이 땅에서도 이루어지길 기도하라고 하셨습니다. 어떤 사람들은 '하나님의 뜻이라면 언젠가는 하나님이 이루어주실 텐데 굳이 기도할 필요가 어디 있느냐'라고 반문합니다. 물론 하나님은 우리의 노력과 상관없이 반드시 자신의 뜻을 이루시는 분이기에 그렇게 생각할 수도 있습니다. 그러나 하나님은 자신의 뜻을 이루실 때 하나님의 백성들을 통해서 일하시고, 우리가 하나님의 뜻에 관심을 가지고 그것을 이루기 위해 기도하기를 원하십니다.

주님께서는 승천하시기 전에 제자들에게 성령을 보내주시겠다고 약속하셨습니다(요 14:16). 주님께서 약속하신 일이니 때가 되면 그대로 이루어질 일입니다. 그런데 제자들 중 그 누구도 '언젠가는 성령님이 오시겠지'하고 가만히 기다리고만 있지 않았습니다. 그들은 주님의 승천을 지켜본 이후에 함께 모여 간절히 기도하였습니다(행 1:12-14). 그리고 예수님의 승천 후 열흘 뒤 오순절 날에 약속하신 성령이 그들에게 임하였습니다. 이 사실이 의미하는 바가 무엇일까요? '때가 되면 하나님이 알아서 이루어 주시겠지'하고 감나무 밑에서 감이 떨어지기를 기다리는 것 같은 소극적 태도로는 하나님의 뜻을 이룰 수 없다는 것입니다. 주님께서 성령을 주시겠다 약속하셨을 때 제자들이 그 약속을 붙잡고 간절히 기도한 것처럼 우리 또한 하나님의 뜻을 이루어 달라고 기도해야 합니다.

세계 복음화도 마찬가지입니다. 주님께서는 세상의 종말이 오기 전에 복음이 온 세상에 전파될 것이라 말씀하셨습니다(마 24:14). 그렇다면 주님께서 하신 말씀처럼 언젠가는 세계 복음화가 완성될 것인데 굳이 밖으로 나가서 선교할 이유가 어디에 있겠습니까? 하나님이 작정하신 택하심을 받은 사람이라면 때가 되면 어떤 방법으로든 그리스도를 영접하지 않겠습니까? 역사적으로 보자면 극단적 칼뱅주의자(hyper-Calvinist)들이 이런 입장에 서 있었습니다. 현대 선교의 아버지라고 불리는 윌리엄 캐리(William Carey, 1761-1834)가 세계 복음화에 대한 열정을 가지고 인도로 가려고 할 때 극단적 칼뱅주의자였던 레이놀드(Reynold)라는 사람은 "하나님이 이방인을 개종시키기 원하시면 자네 도움이 없이도 그 일을 하실 것이네"라고 말했다고 합니다. 이것은 칼뱅의 예정론을 오해한 것입니다. 칼뱅은 하나님의 주권만큼 인간의 책임도 강조했기 때문입니다. 그렇기 때문에 궁극적으로는 하나님이 세계 복음화를 완성하시지만 우리가 나가서 복음을 전하는 것이 하나님이 세계 복음화를 이루어 가시는 방식입니다.

하나님은 에스겔을 통해 바벨론 포로로 잡혀간 이스라엘 백성들에게 때가 되면 다시금 회복시킬 것임을 약속하셨습니다. 그런데 이런 말씀을 하십니다.

'주 여호와께서 이같이 말씀하셨느니라 그래도 이스라엘 족속이 이같이 자기들에게 이루어 주기를 내게 구하여야 할지라'(겔 36:37).

물론 때가 되면 이스라엘 백성들이 포로에서 해방될 날이 오겠지만 그냥 기다리고 있어서는 안 되고 하나님이 이루어 주시기를 기도하라는 것입니다. 아무 관심도 없고 아무런 노력도 하지 않으면서 하늘에서 이루어 주시기를 막연하게 바라보기만 하는 것은 요행을 바라는 것이나 다를 바가 없습니다.

가장 중요한 것은 하나님의 뜻을 마음에 품고 기도하는 일입니다. 하나님은 직접 나타나셔서 자신의 뜻을 이루시지 않고 사람을 통해 역사하시는데, 특히 성도들의 기도를 통해 하나님은 일하십니다. 기도하는 일은 우리의 몫입니다. 미물에 불과한 우리가 기도로 하나님과 동역할 수 있다는 사실이 얼마나 가슴 벅찬 일입니까? 물론 기도만으로 그쳐서는 안 됩니다. 할 수 있는 한 하나님의 뜻을 이루기 위한 모든 노력을 아끼지 말아야 합니다. 그런데 기도는 간과하고 무엇을 이루기 위해 노력만 하는 것은 자칫 하나님과 무관한 일이 될 수도 있음을 잊지 말아야 합니다. 기도가 얼마나 중요한지 그 사실을 모르는 사람은 없을 것입니다. 그러나 실제로 하나님의 뜻이 이루어지기를 기도하는 사람은 많지 않습니다. 하나님은 오늘도 하나님의 마음을 품고 세상을 바라보며 하늘의 뜻이 이 땅 가운데 이루어지기를 간절히 바라는 성도의 기도를 기다리고 계십니다.

Q. 내 명예나 체면이 손상되어 속상했던 것만큼 하나님의 명예가 손상되는 것을 보고 가슴 아파하며 분노했던 적이 있다면 나누어 봅시다.

Q. 내가 몸담고 있는 교회나 영적인 공동체에는 세상 사람들에게 보여줄 하나님 나라의 모습이 있습니까? 그런 모습이 부족하다면 어떤 부분이 부족하고, 왜 그렇다고 생각하십니까?

Q. 내가 알고자 했던 하나님의 뜻은 무엇입니까? 실제로 하나님이 내게 바라시는 뜻은 무엇인지 생각해 봅시다.

Q. 어차피 하나님의 뜻은 하나님이 언젠가 이루실 텐데 굳이 우리가 기도해야 하는 이유는 무엇입니까?

제3장
우리를 위한 기도

제3장
우리를 위한 기도

오늘도 주님이 먹이십니다

주기도문의 전반부는 하나님께 초점을 맞춘 기도입니다. 기도의 우선순위가 하나님이 되어야 한다는 말입니다. 그리고 후반부는 주로 사람들의 필요를 구하는 기도입니다. 십계명에서도 1계명에서 4계명은 하나님에 대한 의무를 말하고 있고, 5계명부터 10계명까지는 사람에 대한 의무를 말하고 있습니다. 그렇기 때문에 기도하는 데 있어서 처음부터 끝까지 우리의 필요 사항만 아뢰고 구하면 올바른 기도라고 할 수 없습니다. 주님께서는 "너희는 먼저 그의 나라와 그의 의를 구하라"고 말씀하셨습니다(마 6:33). 우리는 하나님의 뜻과 하나님의 의가 이루어지기를 먼저 구해야만 합니다.

그렇다고 하나님은 우리에게 영적인 것만 추구하라고 하시지 않습니다. 육적인 것, 인간의 필요를 채우는 것도 중요합니다. 그래서 주님이 가르쳐 주신 기도를 보면 '일용할 양식을 주옵소서'라는 내용도 포함되어 있는 것입니다. 어떤 학자들은 여기에 나오는 일용할 양식을 육적인 양식이 아니라 영적인 양식이라고 주장하기도 하지만 이것은 너무 지나친 해석입니다. 하나님은 절대로 영적인 것만 중요하고 육적인 것은 하찮거나 필요 없다고 여기지 않으십니다. 주기도문 가운데 일용할 양식을 구하는 기도는 단지 하루 먹을 양식만 구하라는 것이 아니라 육신의 생명을 유지하는 일에 필요한 문제들을 간구하라는 의미입니다. 이 기도는 우리가 이 세상을 살 때 육신의 필요가 있으면 하나님께 구하라고 가르치고 있습니다.

여기에서 우리가 기억해야 할 점은 우리가 날마다 필요한 양식과 생활에 필요한 것들을 누가 해결해 주느냐 하는 것입니다. 때로는 우리가 생각할 때 내가 일해서 얻은 소득으로 살아가는 것이니 내가 스스로 육신의 필요를 채우고 있다고 착각할 때가 많습니다. 그래서 '오늘 우리에게 일용할 양식을 주시옵고'라고 주기도문을 외울 때도 하나님이 내게 일용할 양식을 내려주신다고 잘 생각지 않습니다. 이 단락에서 제일 중요한 핵심은 '내 필요한 모든 것을 누가 채워주시느냐, 바로 하나님이 내려주신다' 하는 것입니다.

우리는 내가 벌어서 내가 채운다는 생각을 하기 쉽지만, 일상의 필요한 모든 필요는 하늘에 계신 하나님이 공급해주신다는 믿음을 가져야 합니다. 하나님이 주시지 않으면 우리는 하루도 살 수 없다는 사실을 고백해야 합니다. 코로나19 사태가 벌어지니까 잘 다니던 직장이 흔들리고 갑자기 해고되는 사례들이 우후죽순처럼 생겨납니다. 남미의 어느 나라처럼 국가 경제의 파탄으로 한순간에 국민 전체가 굶주림에 처하는 경우도 있습니다. 어떤 가정은 자녀의 병수발 때문에 부모가 어쩔 수 없이 직장을 그만두는 경우도 보았습니다. 우리라고 해서 이런 일이 벌어지지 않으리라는 보장은 없습니다. 매일 출근할 곳이 있고, 안정적으로 일해서 소득을 얻는다는 것이 꼭 내가 잘해서 되는 일이 아님을 알아야 합니다.

그런데 우리 주위를 살펴보면 어떤 기독교인들은 마치 자기가 자신의 먹고살 것을 주관하는 존재인 것처럼 살아가

기도 합니다. 그래서 스스로 먹고살겠다고 발버둥 치고 있습니다. 왜 주일에 예배에 우선순위를 두지 않고 일하러 직장에 나갈까요? 왜 주일에 공부하러 학교나 학원으로 가는 걸까요? 이러한 행동의 제일 밑바닥에는 '내 살길은 내가 찾아야 된다'라는 강박관념이 있기 때문입니다. 하나님이 하늘에서 일용할 양식을 내려주신다는 믿음이 없기 때문에 내가 양식을 확보하려고 직접 찾아 나서는 것입니다.

주님께서는 '오늘 우리에게 일용할 양식을 주옵소서'라는 기도를 통해서 성도들에게 스스로 살아 보겠다고 발버둥 치지 말라고 하십니다. 누가 일용할 양식을 공급하는 자인지 생각해 보라는 것입니다. 우리가 일용할 양식을 달라고 하나님께 구한다는 것은 먹고사는 문제가 내 손에 달린 것이 아니라 하나님께 달렸다는 것을 인정하는 행위입니다. 그런데 그런 기도를 하면서 뒤로는 내 먹을 것을 내가 구하고 있다면 모순된 행동입니다. 주님께서는 오늘도 먹고 사는 문제로 걱정하는 사람들에게 이렇게 말씀하십니다.

'오늘 있다가 내일 아궁이에 던져지는 들풀도 하나님이 이렇게 입히시거든 하물며 너희일까보냐 믿음이 작은 자들아 그러므로 염려하여 이르기를 무엇을 먹을까 무엇을 마실까 무엇을 입을까 하지 말라'(마 6: 30−31).

일용할 양식을 구하십시오

주님께서는 기도를 가르쳐주실 때 '일용할 양식'을 구하라고 하셨지, 한꺼번에 쌓아 놓을 양식을 구하라고 하지 않으셨습니다. 광야의 이스라엘 백성들에게 하나님은 매일 하루 분의 양식만 주셨습니다. 왜 일주일이나 한 달치 양식을 주시지 않았을까요? 한꺼번에 먹을 양식을 쌓아 두면 사람들이 먹고 배부른 까닭에 하나님을 잘 찾지 않기 때문입니다. 그래서 하나님은 날마다 자신들을 먹이시는 하나님을 기억하라고 광야 백성들에게 일용할 양식만 주셨습니다. 물론 여기에서 주님이 일용할 양식을 구하라고 말씀하셨다고 해서 꼭 하루 분의 양식만 달라고 기도해야 한다는 의미는 아닙니다. 탐욕을 부려서 필요하지 않은 많은 것을 추구하며 살지 말라는 말씀입니다.

그런데 죄악으로 가득 찬 인간은 일용할 양식으로는 성에 차지 않습니다. 자꾸만 한꺼번에 많이 쌓아 놓고 미래까지 보장받으려고 듭니다. 짐승과 사람의 차이가 바로 여기에 있습니다. 짐승은 자기 배가 부르면 더 이상 먹이를 찾지 않지만, 인간은 지금 당장은 배가 불러도 미래까지 내다보고 끝없이 쌓아 놓으려고 합니다. 자기뿐만 아니라 자기 자손을 위해서라도 쌓아 두려고 하는 것입니다.

어떤 분들은 미래를 대비해서 저축하거나 보험에 가입하는 것조차 불신앙적인 행위라고 비판하기도 합니다. 하나님께 전적으로 맡기지 못한다는 이유 때문입니다. 그러나 그것은 너무 지나친 생각입니다. 그렇게 생각한다면 하나님이 지켜주실 것이니까 자동차 보험이나 여행자 보험 같은 것도 가입하지 말아야 할 것입니다. 사람이 할 수 있는 한도 내에서 앞을 내다보고 준비하는 게 나쁘다고 말할 수 없습니다. 오히려 너무 준비해 놓은 게 없다면 나중에 가족을 비롯한 주변 사람들에게 많은 부담을 안겨 줄 수도 있습니다. 문제는 그것이 내 미래를 보장해 줄 것처럼 여기고 지나치게 의존하지 말아야 한다는 것입니다.

오늘 우리 사회는 남보다 많이 가지는 것이 미덕이고, 부자가 되라는 것이 덕담처럼 쓰이고 있습니다. 그러나 우리는 주님께서 많은 양식이 아니라 일용할 양식을 구하라고 하신 말씀을 잘 새겨들어야 합니다. 실제로 이 땅에서 물질을 쌓아 두고 살면 하나님을 잘 찾지 않습니다. 주님께서 말씀하시기를 부자가 천국에 들어가는 것보다 낙타가 바늘귀로 들어가는 것이 쉽다고 하셨습니다(마 19:24). 물론 부자들은 전부 천국에 갈 수 없다는 의미로 하신 말씀은 아닙니다. 그러나 부자들의 경우 물질에 대한 집착과 탐욕이 강하기 때문에 그것을 넘어서서 하나님을 믿고 의지하기가 쉽지 않다는 의미입니다. 당시 유대인들은 부자들을 볼 때 하나님께 복을 받아서 저렇게 잘된 것이라고 부러워했는데 이러한 시각에 대해 주님께서 경고한 것입니다.

성경을 보면 아브라함이나 욥, 예수님의 무덤을 제공했던 아리마대 요셉 등 하나님 뜻대로 산 부자들이 등장하지만 부자가 되는 것이 마냥 복이고 좋은 것이라고 이야기하지 않습니다. 물질이나 권력이라는 것은 커지면 커질수록 조심해야 합니다. 그렇지 않으면 그게 복이 아니라 화가 될 가능성이 매우 높습니다. 어린 시절에 집에서 성냥으로 탑 쌓기 놀이를 많이 해 봤을 것입니다. 초반에는 그리 공들이지 않고도 쉽게 탑을 쌓아 갈 수 있습니다. 그러나 자꾸 올라가면 올라갈수록 더욱 집중하지 않으면 안 됩니다. 어느 정도 높아지면 성냥개비 하나 놓는 데 굉장히 조심스러워짐니다. 자칫하면 쓰러집니다. 물질이나 권력이 이와 같습니다. 이게 없으면 유혹받거나 넘어질 일이 별로 없습니다. 그런데 물질이 조금씩 많아지면 많아질수록, 권력이 생기면 생길수록 조심하지 않으면 한순간에 무너질 가능성이 더 높아집니다.

그렇기 때문에 마냥 부자가 되는 게 미덕이 아닙니다. 물론 그것을 겸손하게 받아서 지혜롭게 잘 사용할 줄 아는 사람에게는 그 물질이 복이 됩니다. 그러나 그렇게 사용할 줄 아는 사람이 생각처럼 많지 않다는 사실입니다. 부와 권력을 가진 사람들은 더 큰 성령의 은혜를 구하면서 조심조심 살지 않으면 안 됩니다. 그래서 주님께서는 많은 양식이 아니라 일용할 양식만 구하라고 우리에게 말씀하시는 것입니다. 많은 사람들이 더 많이 가지면 행복해질 것이라는 막연한 환상을 가지고 살아갑니다. 그러나 지금 있는 것으로 자족하고, 일용할 양식을 내려주시는 하나님께 감사하며 사는 것이 진짜 행복한 삶입니다.

우리 모두의 양식을 구해야 합니다

선진국 진입이라고 하는 국민소득 3만 달러 시대라고 하지만 그것을 체감하는 국민들은 많지 않은 듯합니다. 청년 실업과 노인 빈곤 문제, 자영업자 파산 등 경제 여건은 좀처럼 나아지지 않기 때문입니다. 그래서 그런지 연말연시에 어려운 이웃을 돕는 손길도 갈수록 줄어들고 있다고 합니다. 이렇게 사회가 갈수록 각박해지면서 사람들은 서로 연대하면서 이 난국을 극복하자는 태도를 가지기보다는 '나는 저렇게 도태되지 말아야지' 하면서 나 혼자라도 살아남기 위해 발버둥 치려는 경향이 강합니다. 그렇게 발버둥 치다가 도태되면 다시 회생할 기회를 얻지 못하고 삶의 극한에 몰려 스스로 목숨을 끊는 일들을 심심치 않게 볼 수 있는 것이 우리 사회의 현실입니다. 그렇게 해서 한 해에 약 만이천 여 명의 사람들이 자살로 인생을 마감합니다. 특히 한국 사회는 지난 IMF 금융위기 사태를 통하여 '국가도 국민을 지켜주지 못한다. 어차피 세상은 혼자다'하는 교훈을 확실하게 체득하면서 공동체 의식은 점점 더 희박해지고 있습니다.

각자도생의 살벌한 한국 사회에서 신자로 살아가는 우리는 어떤 자세로 경제 문제를 대해야 할까요? 주님은 제자들에게 '오늘 우리에게 일용할 양식을 주시옵고'라는 기도를 가르쳐주십니다. 일용할 양식을 구할 때 내가 먹을 양식이 아니라 우리 모두의 양식을 구해야 한다고 말씀하십니다. 나 혼자 먹고 배부른 것으로 만족하지 말고, 여전히 배고픔 속에 있는 이웃을 잘 살펴서 함께 살길을 모색하라는 것입니다. 실제로 하나님은 율법을 통해서 이스라엘 백성들에게 고아와 과부, 나그네 같은 사회적 약자에 대한 배려를 곳곳에서 강조하십니다.

그래서 '너는 객이나 고아의 송사를 억울하게 하지 말며 과부의 옷을 전당 잡지 말라'(신 24:17)고 하십니다. 또한 추수할 때에 모든 수확물을 다 거둬들이지 말고 가난한 자들을 위해 일부를 남겨 두라고 말씀하셨습니다(신 24:19-21). 하나님은 이스라엘 백성들에게 가난한 자들을 위해서 3년에 한 번씩 십일조를 드리라는 명령도 하십니다(신 14:28-29). 이렇듯이 하나님은 더불어 사는 공동체를 바라시지 각자도생하는 세상을 바라지 않으십니다. 지금도 하루에 34명씩 세상을 등지고 스스로 목숨을 끊고 있습니다. 이런 사회 분위기 속에서 우리는 '남들은 어떻게 되든지 나는 살아남아야 돼'라는 생각이 아니라 '나도 살고, 남도 사는 사회로 바꾸자'라는 태도로 살아야 합니다. 무한 경쟁체제에 내몰린 사람들에게 교회는 더불어 사는 공동체가 되어야 합니다.

멕시코는 석유를 비롯해서 지하자원이 굉장히 풍부한 축복의 나라입니다. 그런데 인구 1억 2천만 명 중에 약 절반이 빈곤층이라고 합니다. 이 나라는 소수의 부자가 부를 독점하고 있고 국민의 절대다수는 빈곤층을 이루고 있습니다. 부자들은 자기들끼리 부를 독식할 수 있는 사회 구조를 만들어 놓고, 가난한 사람들은 어떻게 살든지 관심이 없다고 합니다. 이런 불평등한 사회 속에서 일자리도 없고, 복지 혜택도 못 받는 빈민들은 결국 뒷골목을 전전하다가 마약 산업에 가담합니다. 그래서 멕시코하면 세계 최고의 마약 생산과 마약 유통국으로 악명이 높습니다. 또한 빈민층에서는 일명 '납치 산업'이라고 부자들을 납치해서 몸값을 받고 풀어주는 이런 일들이 산업화되어서 벌어지고 있습니다. 결국 부자들이 자기들끼리만 잘살려고 했는데 그러는 동안 사회는 더욱 불안해지고, 부자들은 납치와 살인을 두려워하는 나라가 되고 만 것입니다. 우리가 이웃을 돌아보지 않고 혼자만 잘 먹고 잘 살려고 할 때 이런 일이 벌어질 수 있다는 사실을 기억해야 합니다.

오늘 우리 자신과 우리 교회는 경제 문제로 고통받는 교회 안의 이웃들을 남의 일로 여기지 않습니까? 교회 식구들마저도 서로를 남처럼 여기고 무관심한 채 신앙생활 하고 있지는 않습니까? 구제를 성도의 당연한 의무로 여기지 않고 시혜의 차원에서만 생각하고 있지는 않습니까? 먼저 우리 교회 안에서 강력한 사랑의 공동체를 형성해야 합니다. 그리고 이웃의 필요를 위해 같이 기도하고 자신의 소유를 나눌 수 있어야 합니다. 우리가 주기도문을 통해 일용할 양식을 달라고 기도하는 것은 나만을 위한 기도가 아니라 우리 모두의 필요를 구하는 기도임을 기억해야 합니다. 더 나아가 기도만 할 것이 아니라 먼저 내 것을 내려놓고 가난한 이웃과 나누겠다는 마음의 자세를 가져야 합니다.

우리는 날마다 죄 용서를 구해야 합니다

혹시 '죄 사함과 거듭남의 비밀'이라는 박옥수 목사의 성경세미나 포스터를 본 적이 있습니까? 바로 우리가 이단으로 규정하는 구원파에서 여는 집회입니다. 이 구원파는 기독교복음침례회라는 이름을 써서 기존 침례교(기독교한국침례회)와 혼동하게 만들고, 대학에서는 IYF라는 동아리를 만들어서 IVF라는 기존에 건전한 기독교 동아리와 혼동을 불러일으키곤 합니다. 이단의 주요 특징 중 하나가 바로 기존의 기독교 신앙과 거의 비슷해 보여서 혼란을 준다는 점입니다. 그러나 좀 더 자세히 들여다보면 그들의 정체를 파악할 수 있습니다.

구원파가 주장하는 교리 가운데 회개는 일생에 한 번만 하면 되는 것이지, 두 번 다시 회개할 필요가 없다는 것이 있습니다. 예수님이 우리 죄를 다 용서해 주셨는데 왜 자꾸 하나님 앞에 와서 또 회개하느냐는 것입니다. 그러나 주님께서 우리에게 기도를 가르쳐주실 때 "우리가 우리에게 죄지은 자를 사하여 준 것 같이 우리 죄를 사하여 주시옵고"라고 말씀하셨습니다. 주님께서 기도를 가르쳐주실 때 "너희는 이렇게 기도하라"고 말씀하시고 수시로 이렇게 기도하라고 가르쳐 주신 것이지 한 번만 이렇게 기도하라고 하신 것이 아닙니다.

주님께서는 주기도를 통해서 기도할 때마다 죄 용서를 구하라고 하셨습니다. 그런데도 회개를 한 번만 하면 된다고 주장할 수 있겠습니까? 그래서 구원파에서는 아예 주기도문을 외우지 않는다고 합니다. 자기들 입맛대로 성경 내용을 덧붙이거나 빼는 것이 이단의 주요 특징이기도 합니다. 그렇다면 우리는 이미 죄 용서를 받았는데 왜 다시 죄 용서를 위해 기도해야 하는 것일까요?

죄 사함에는 두 가지 종류가 있습니다. 하나는 근본적인 죄 사함이고, 또 다른 하나는 일상적인 죄 사함입니다. 근본적 죄 사함은 죄인이 회개하고 돌아올 때 단 한 번 하는 것으로 반복되지 않습니다. 그러니까 우리가 예수를 처음 믿게 될 때 나의 죄인 됨을 고백하고 지금까지 하나님을 떠나 내 맘대로 산 것에 대해 회개하고 용서받는 것이 근본적인 죄 사함입니다. 이 근본적인 죄 사함은 한 번으로 끝나는 것입니다. 하나님을 모르고 살다가 이제야 하나님을 알고 믿기로 했으니 지금껏 죄인으로 산 것을 고백하고 회개하는데, 이것은 한 번만 하면 됩니다. 그러나 이게 끝이 아닙니다. 근본적인 죄 사함에 대한 회개는 한 번만 하면 되지만 일상적으로 짓는 죄에 대해서는 계속해서 회개를 해야만 합니다.

요한복음 13장을 보면 최후의 만찬을 할 때에 예수님이 제자들의 발을 씻어 주시는 장면이 나옵니다. 그런데 베드로는 자기 발을 씻어 주시려는 예수님을 만류합니다. 그러자 예수님이 "내가 너를 씻어 주지 아니하면 네가 나와 상관이 없느니라"(요 13:8) 하고 말씀하십니다. 이 말을 들은 베드로가 한술 더 떠서 "주여 내 발뿐 아니라 손과 머리도 씻어 주옵소서"(요 13:9)라고 말합니다. 이에 예수님은 "이미 목욕한 자는 발밖에 씻을 필요가 없느니라 온몸이 깨끗하니라"(요 13:10) 하고 발만 씻겨 주십니다. 우리는 이미 목욕한 자들이라 다시 몸을 씻을 필요가 없습니다. 이것은 근본적인 죄 사함을 받았기 때문입니다. 그러나 쉽게 더러워지는 발은 자주 씻어야 합니다. 일상적인 죄에 대해서는 계속 회개해야 한다는 말입니다. 그래서 예수님은 제자들에게 "우리 죄를 사하여 주시옵고"라고 기도를 가르쳐주고 있는 것입니다.

우리는 예수 그리스도의 은혜로 값없이 의롭다함을 받았지만 하나님에 대한 의무를 다하지 못하고 여전히 죄와 허물 속에 싸여 있습니다. 예수 믿는다고 죄 안 짓고 살 수 있습니까? 법적으로는 의인이 되었지만 아직 실체는 죄인이기 때문에 죄를 지을 수밖에 없습니다. 그렇다고 우리가 '나는 어쩔 수 없는 죄인이기 때문에 죄를 지을 수밖에 없다'고 합리화시키면 안 됩니다. 우리가 죄를 짓기는 하지만 그래도 '내가 그리스도의 보혈로 의인이라 칭함을 받았는데 의롭게 살아야지'라고 하는 강한 열망이 일어나야 정상입니다.

우리는 이미 구원 얻는 죄 사함을 받았지만 계속 죄 용서를 간구하는 이유는 바로 죄를 쌓아 두고는 하나님과 교제할 수 없기 때문입니다. 비록 회개를 하지 않고 살아도 우리의 구원이 취소되는 것은 아니지만 죄를 쌓아 두고서는 하나님과의 관계가 친밀해질 수가 없습니다. 그래서 우리는 날마다 죄 용서를 구함으로 하나님과의 교제가 단절되지 않도록 힘써야 하겠습니다.

상대방을 용서하셨습니까?

이전 페이지에서 우리는 왜 죄 용서를 구해야 되는지 살펴보았습니다. 죄에 빠져 살면 하나님과 멀어집니다. 밧세바를 범했던 다윗도 불륜으로 인한 자식을 낳을 때까지 하나님과 멀어져 지냈고, 그에 대한 고통으로 이런 고백을 합니다.

'나를 주 앞에서 쫓아내지 마시며 주의 성령을 내게서 거두지 마소서'(시 51:11).

그러므로 우리는 하나님과의 교제가 막히지 않기 위해서 죄 용서를 구해야 합니다. 그런데 주님이 죄 용서를 구하라고 하신 구절 앞에 이런 구절이 있습니다.

'우리가 우리에게 죄 지은 자를 사하여 준 것 같이'(마 6:12)

이것은 마치 우리가 남을 용서하지 못하면 하나님으로부터 죄 용서도 받을 수 없다는 것처럼 들립니다. 그런데 이 구절은 우리가 하나님의 용서를 받았다는 사실을 전제하고 있습니다. 하나님으로부터 용서받은 자는 다른 사람이 내게 한 잘못을 용서해 주는 것이 당연하다는 것입니다. 즉 자신은 남의 잘못을 용서해 주지 않으면서, 하나님께만 내 죄를 용서해 달라는 것이 합당하냐는 말입니다.

우리가 잘 아는 일만 달란트 빚진 종이 임금으로부터 전액을 탕감받은 이야기에서도 자기는 일만 달란트, 그러니까 거의 상상할 수도 없는 천문학적인 액수의 빚을 다 탕감받았지만 자기에게 고작 백 데나리온 빚진 친구가 돈을 갚지 못하자 바로 관가에 가서 고발하지 않습니까? 이때 임금은 노를 발하면서 일만 달란트 빚진 자를 감옥에 집어넣고는 빚을 다 갚을 때까지 거기 있으라고 합니다. 그리고 그 비유의 결론에서 예수님이 이렇게 말씀하십니다.

'너희가 각각 마음으로부터 형제를 용서하지 아니하면 나의 하늘 아버지께서도 너희에게 이와 같이 하시리라'(마 18:35).

우리가 십자가의 은혜와 사랑으로 용서함을 받은 자라면 다른 사람 또한 용서해야 합니다.

1900년도 초반에 강화도에서는 이런 일이 있었습니다. 강화도 북부 해안 홍의마을에 종순일이란 부자 교인이 있었는데, 마을에서 그의 돈을 빌려다 쓰지 않은 사람이 없을 정도였다고 합니다. 그런 그가 마태복음 18장에 나오는 일만 달란트 탕감받은 사람이 백 데나리온 빚진 자를 용서치 않아 벌을 받는다는 내용의 말씀을 읽었습니다. 부자였던 종순일은 이 말씀을 읽고 며칠 동안 고민하다가 주일 오후 예배를 마치고 자기에게 돈을 빌려 간 마을 사람들을 집으로 불러들였습니다. 마을 사람들은 빚을 빨리 갚으라고 독촉할까 봐 불안한 마음으로 모여들었습니다. 그런데 놀랍게도 종순일은 자기가 읽었던 마태복음 18장 말씀을 들려

준 후에 자기 잘못을 고백하고 빚 문서를 꺼내서 모두가 보는 앞에서 불태워 없앴습니다. 마을 사람들은 종순일의 행동에 대해 크게 감명을 받고 그때 빚을 탕감받은 마을 사람들 중 상당수는 교인이 되었다고 합니다. 어떻게 종순일이라는 사람은 다른 사람들의 빚을 탕감해 줄 수 있었을까요? 그것은 자신이 하나님으로부터 마을 사람들의 빚과 비교할수 없는 죄의 빚을 탕감받았다는 사실을 알았기 때문입니다. 이렇듯 은혜받은 자만이 다른 사람의 허물을 용서할 수 있습니다.

상대방을 용서한다는 것은 내 마음속에 있는 분노와 복수심을 버리고 내게 부당하게 했던 일들을 다 잊는 것입니다. 여전히 내 속에 용서하지 못하는 미워하는 사람이 있고, 복수심에 불타오르면서 하나님 앞에 와서는 "내 죄를 용서해 주십시오"라고 한다면 과연 이 기도를 하나님께서 들으시겠습니까? 남은 용서하지 못하면서 나만 용서받겠다는 태도가 얼마나 이기적입니까? 그렇기 때문에 이웃을 용서하는 마음 없이는 이 구절대로 기도할 수 없는 일입니다. 따라서 우리가 아직 이웃의 죄를 용서하지 못하고 있다면 그리스도의 사랑이 우리 마음에 강물처럼 흘러서 상대방이 용서가 안 되더라도 하나님 앞에 용서할 마음을 달라고 먼저 기도해야 합니다.

베드로는 자기에게 잘못한 사람을 일곱 번 정도 용서해 주면 대단한 것이 아니겠느냐는 마음으로 주님께 몇 번이나 용서해 주어야 하느냐고 물었습니다. 그때 주님께서는 일곱 번이 아니라 일곱 번을 일흔 번까지라도 용서해 주라고 하십니다. 이 말씀은 곧 무한정 용서해 주라는 말씀입니다. 사실 죄로 물든 우리의 본성은 남을 용서하는 게 쉽지 않습니다. 그렇기 때문에 우리 속에서 용서를 끄집어내려고 하면 실패할 뿐입니다. 이때 우리는 갚을 수 없는 죗값을 홀로 십자가에서 치르시고 우리를 구원하신 그리스도를 바라보아야 합니다. 그렇게 몸부림칠 때 주님은 우리에게 상대방을 용서할 힘을 주실 것입니다.

참된 용서의 의미

주님께서 제자들에게 기도를 가르쳐주실 때 "우리가 우리에게 죄 지은 자를 사하여 준 것 같이 우리 죄를 사하여 주시옵고"라고 말씀하십니다(마 6:12). 우리 모두가 도무지 갚을 수 없는 죄의 빚을 다 탕감받았기 때문에 다른 사람이 내게 한 잘못을 용서해 주는 것이 당연하다는 말씀입니다. 그래서 우리는 하나님으로부터 용서받았으니 다른 사람도 용서하는 삶을 살아야 합니다. 그러나 용서라는 것을 상대 방의 어떤 행동도 문제 삼지 말고 눈 감아 주라는 의미로 생각하면 안 됩니다. 용서란 잘못을 인정하고 용서를 구하는 사람만이 받을 수 있는 은혜이기 때문입니다.

어떤 경우는 가해자가 죄를 짓고도 피해자에 대해 아무런 책임감도 느끼지 못하고, 미안해 하지도 않는 경우가 있습니다. 그럼에도 그냥 다 잊고, 용서해 주어야 합니까? 그것은 성경적인 용서가 아닙니다. 자기 잘못을 전혀 인정하지 않는 사람에게 용서가 무슨 의미가 있겠습니까? 주님께서도 우리가 우리 죄를 자백할 때에야 죄를 사해 주시겠다고 말씀하십니다. '만일 우리가 우리 죄를 자백하면 그는 미쁘시고 의로우사 우리 죄를 사하시며 우리를 모든 불의에서 깨끗하게 하실 것이요'(요일 1:9). 주님의 용서는 죄를 깨닫고 참회하는 사람에게 주시는 은혜이지, 자기 죄도 모르는 사람에까지 베푸시는 은혜가 아닙니다.

우리 주변에 보면 용서라는 개념을 잘못 이해하는 사람들이 있습니다. 우리가 잘 아는 영화 〈밀양〉을 보면 주인공

전도연 씨가 남편도 잃고, 하나뿐인 아들마저 유괴범에 의해 죽임당하여 망연자실하다가 신앙의 힘으로 극복해 나가는 장면이 그려져 있습니다. 그러다가 자기 아들을 죽인 유괴범을 면회하러 가는데 그때까지도 유괴범을 용서할지 말지 고민하고 있었습니다. 그런데 면회장에 나타난 유괴범은 뜻밖에도 환한 얼굴로 자기는 예수 믿고 이미 죄 사함을 받았다고 말하는 것이었습니다. 이 모습에 주인공은 큰 충격을 받습니다. '아니, 피해자인 나도 아직 용서를 안 했는데, 누가 누구를 용서한단 말인가!'

참된 용서의 시작은 가해자가 피해자에 대해 진심으로 자기 잘못을 깨닫고 사죄하는 것입니다. 피해자에게 어떤 참회의 빛도 비치지 않고 곧장 하나님한테 달려가서 회개하고 죄 용서를 받았다고 좋아하는 것은 기독교 신앙을 엉터리로 이해하는 사람입니다. 하나님은 그런 회개를 받지 않으십니다. 1차적으로는 피해를 입힌 당사자에게 가서 사죄해야 합니다. 주님께서는 예물을 제단에 드리려 가다가 형제에게 원망 들을 일이 생각나면 먼저 그 형제와 화해한 뒤에 예물을 드리라고 하셨습니다(마 5:23~24).

그렇다면 자기 잘못을 인정하지 않거나 형식적으로 잘못

했다고 말하지만 행동에 변화 없이 잘못을 반복하는 사람은 어떻게 해야 할까요? 이런 경우는 용서가 아니라 권징이 필요합니다. 권징이나 용서나 내용이 달라서 그렇지 그 목적은 한 가지입니다. 같은 교인들끼리 잘못을 범했을 경우 어떻게 처리할 것인가의 문제인데 권징은 벌을 주는 것이고, 용서는 말 그대로 용서해 주는 것입니다. 똑같이 죄를 처리하는 방식을 다루는데 정반대의 방식으로 다룹니다. 권징이나 용서나 둘 다 죄를 바르게 처리하기 위한 방안입니다. 권징은 죄를 돌이키게 하기 위한 수단이고, 용서는 죄에 대한 돌이킴이 확인될 때 내리는 자비의 수단입니다.

마태복음 18장에는 어떻게 권징을 해야 하는지에 관해 잘 설명하고 있습니다. 먼저 상대방의 잘못을 안 사람이 조용히 찾아가서 그 죄에 대해서 돌이키고 회개하라고 권고해야 합니다. 우리 성경에서는 '권고하라'고 점잖게 표현했지만 사실 이 말의 원래 의미는 '죄를 깨닫게 하라'는 말입니다. 그래도 안 될 경우에는 한두 사람을 데리고 가서 죄를 깨닫게 하라고 성경은 말씀합니다. 한 사람이 아니라 여러 사람이 똑같이 잘못을 지적할 때에 진정한 신앙인이라면 자신의 잘못에 대해 분별력을 가지고 고백할 것입니다.

그럼에도 불구하고 죄에 빠진 사람이 여러 교인들의 말을 듣지 않는다면 그 다음으로 교회에 말해야 합니다. 곧 교회의 당회가 처리하도록 하라는 의미입니다. 그럼에도 끝까지 죄를 인정하지 않으면 이방인처럼 여기라고 성경은 말합니다. 이처럼 우리는 상대방의 잘못을 용서하려 하되, 무조건적인 용서가 아니라 상대방을 바르게 이끌기 위한 수단을 생각해 보아야 합니다.

어떤 경우에는 내가 용서했지만 상대방이 자기 잘못을 인정하지도 않고, 여전히 다른 사람들에게 똑같은 피해를 끼치는 경우도 있습니다. 그럴 때는 나의 용서와 상관없이 상대방을 꾸짖고 더 이상 그런 행동을 하지 못하게 하는 것이 올바른 태도입니다. 용서를 하되, 어떻게 하는 것이 상대방에게 유익한지 잘 고려해서 후속조치를 취해야 할 것입니다.

시험은 언제나 찾아옵니다

시험에는 두 가지 종류가 있다고 말합니다. 하나는 믿음의 연단을 위한 시험인데 영어로는 '테스트'라고 합니다. 이 시험은 하나님으로부터 오는 시험입니다. 그 대표적인 예로 창세기 22장을 보면 하나님이 아브라함을 시험하셨다고 말합니다. '그 일 후에 하나님이 아브라함을 시험하시려고 그를 부르시되 아브라함아 하시니 그가 이르되 내가 여기 있나이다 여호와께서 이르시되 네 아들 네 사랑하는 독자 이삭을 데리고 모리아 땅으로 가서 내가 네게 일러 준 한 산 거기서 그를 번제로 드리라'(창 22:1–2). 하나님은 아브라함에게 이삭을 바치라고 시험하십니다. 이 하나님의 시험은 그 사람을 못 살게 굴거나 파멸시키려고 하는 것이 아니라 테스트의 과정을 통해서 더 높은 단계로 올라가게 하시기 위함입니다. 아브라함은 하나님이 아들을 바치라 하신 테스트에 통과하여 더 굳건한 신앙인이 되었습니다.

또 다른 시험은 바로 사탄이 주는 시험입니다. 야고보서 1장 13절을 보면 이렇게 말씀합니다. '사람이 시험을 받을 때에 내가 하나님께 시험을 받는다 하지 말지니 하나님은 악에게 시험을 받지도 아니하시고 친히 아무도 시험하지 아니하시느니라.' 이 본문에서 말하는 시험은 테스트가 아니라 '템테이션' 즉, 유혹이라는 뜻인데 하나님은 우리를 테스트해서 더 성숙하게 하시지만 사탄은 우리를 유혹해서 죄를 짓게 만들고 파멸로 몰아가려 합니다. 대표적으로 아담과 하와는 사탄인 뱀의 유혹을 받아 하나님이 금하신 선악을 알게 하는 나무의 열매를 따 먹고 맙니다. 그래서 그들은 죄로 인해서 에덴동산에서 쫓겨나는 아픔을 겪습니다.

시험에 대한 두 가지 의미 중에 주기도문에 나오는 '시험에 들게 하지 마시옵고'라는 구절은 하나님이 주시는 테스트가 아니라 사탄이 주는 유혹을 가리킵니다. 지금도 사탄은 우는 사자처럼 삼킬 자를 두루 찾고 있습니다(벧전 5:8). 사실 우리 모두는 인생을 살아갈 때 이런 시험 거리들이 없으면 좋겠다고 생각합니다. 그런데 주님께서 가르쳐 주신 기도 내용을 잘 살펴보면 '시험에 들지 않게 해 달라'고 기도하는 것이지 '시험을 받지 않게 해 달라'고 기도하는 것은 아닙니다. 우리는 사는 동안 크고 작은 시험에 노출되어 있습니다. 예수님도 광야에서 40일간 금식기도를 하신 후에 사탄의 시험을 받으셨습니다. 중요한 것은 시험이 찾아오더라도 그것을 이기는 것입니다. 그렇기 때문에 시험이 없는 인생은 불가능할 뿐만 아니라 아예 시험에 들 일 없이 평탄하게 살게 해 달라고 기도하는 것도 합당치 않다는 말입니다. 다만 우리는 사탄이 주는 유혹에 넘어가지 않고 이길 능력을 달라고 기도해야 합니다.

그렇다면 왜 사람들은 사탄이 주는 시험에 잘 빠질까요?

성경은 말합니다. '오직 각 사람이 시험을 받는 것은 자기 욕심에 끌려 미혹됨이니'(약 1:14). 사탄은 사람들에게 수시로 미끼를 던집니다. 성령으로 충만한 사람은 그런 미끼에 유혹되지 않지만, 그렇지 않은 사람들은 욕심에 이끌려서 덥석 미끼를 뭅니다. 루터는 머리 위로 날아다니는 새를 막을 수 없지만 머리에 새가 둥지를 트는 것은 막을 수 있다고 했습니다. 우리에게 끊임없이 유혹이 찾아오는 것 그 자체는 죄가 아닙니다. 그러나 그 유혹에 넘어가서 마음속에서 죄의 둥지를 튼다면 그것은 자기 책임입니다. 이렇게 미혹당하는 원인은 바로 욕심 때문입니다. 욕심이 마음에 똬리를 틀면 거기서 계속해서 죄가 자랍니다.

바늘 도둑이 소도둑 된다고 처음부터 큰 죄를 짓는 사람은 없습니다. 처음에는 아주 사소한 욕심이었는데 그걸 방치해 두면 그것이 죄로 발전하고 점점 자라서 사망에 이른다는 것입니다. 지혜로운 사람이라면, 욕심이 자기 마음을 사로잡기 전에 내가 사탄의 유혹에 빠질 수 있겠다는 것을 얼른 깨달아야 합니다. 오늘날의 자본주의 사회에서는 절제와 오래 참음의 가치는 폄하되고 인간의 욕심을 마음껏 채우는 것이 미덕이라고 부추깁니다. 각종 광고들만 보아도 얼마나 우리의 소비욕구를 자극합니까? 눈만 뜨면 우리의 욕심을 발동시키는 일들이 가득합니다. 이처럼 사탄이 주는 시험이 상존하고 있는 세상에서 우리는 더욱 영적인 경각심을 가지고 시험을 이기게 해 달라고 기도해야겠습니다.

사탄은 우리를 어떻게 시험합니까?

주님께서는 제자들에게 기도를 가르쳐주실 때 시험에 들지 않게 기도하라고 하십니다. 사탄은 상황이나 사람에 따라 맞춤식 공격을 합니다.

첫째 방식은 신자들을 충격과 공포로 몰아넣어 시험에 들게 하는 것입니다. 교회는 초대교회 때부터 시대마다 큰 고난을 당해 왔습니다. 초대교회를 보아도 예수 믿는다는 이유로 화형을 시키기도 하고, 끓는 기름에 집어넣기도 했습니다. 또한 콜로세움 같은 원형경기장에 기독교인들을 몰아넣고 사나운 맹수들의 밥이 되게 하기도 했습니다. 일본에서는 에도 막부시대에 천주교가 전래되었는데, 도요토미 히데요시 같은 경우 처음에는 천주교에 대해 호의적이었다가 나중에는 극심하게 탄압했다고 합니다. 일본의 천주교 탄압이 얼마나 심했는지 300년 동안 약 30만 명이 순교를 했다고 합니다. 이때 너무나 고문과 탄압이 극심해서 어떤 선교사들은 믿음을 버리고 불교로 개종한 사례도 있다고 합니다.

만일 오늘날 우리에게 이런 고난이 닥친다고 할 때 여러분은 어떻게 하시겠습니까? 실제로 일제시대에 신사참배의 소용돌이 속에서 일제의 총칼이 두려워서 얼마나 많은 신자들이 굴복했는지 모릅니다. 물론 현재 한국 땅에서 사탄이 이렇게 노골적으로 공격하는 일은 거의 없습니다. 예수 믿는다고 잡아 가두거나 고문하지 않습니다. 그런 것이 무서워서 떠는 사람도 없습니다. 그러나 우리에게는 공개적인 고난과 핍박이 없지만 지금도 세계 곳곳에서는 기독교인이라는 이유로 물리적인 고난을 당하는 사람들이 많이 있습니다. 이슬람 지역에서는 수시로 교회나 기독교인들이 습격을 당하고 있으며, 중국과 북한을 비롯한 공산국가에서도 기독교인들이 탄압을 받고 있습니다. 미국의 한 연구기관에서는 지난 2005년부터 10년 간 약 90만 명의 신자들이 순교한 것으로 보고한 바 있습니다. 이런 면을 볼 때 이렇게 자유로운 나라에, 좋은 시절을 타고난 것에 대해서 우리는 감사해야 합니다. 그러나 마치 이런 시기가 마냥 지속될 것처럼 안일하게 생활해서는 안 되고 평화의 시기에 우리는 여전히 고난의 때를 대비해야 합니다.

오늘날 사탄은 한편에서는 노골적으로 우리 신앙을 무너뜨리려고 겁을 주면서 공격하지만 또 다른 편에서는 북풍이 아니라 햇볕으로 우리 스스로 무장해제를 하도록 유도합니다. 이것이 사탄이 우리를 시험하는 두 번째 전략입니다. 사실 역사적으로 교회가 힘을 잃고 위태로웠던 시기를 살펴보면 외부로부터 강력한 핍박과 고난을 받았을 때보다는 오히려 평화롭고 풍요로웠던 시대가 훨씬 많았습니다. 외부의 적이 분명할 때는 모두가 옷깃을 여미고 긴장하면서 싸울 태세를 갖춥니다. 그런데 외부의 적이 없는 것처럼 보이고 평화로울 때는 긴장을 풀고 느슨한 태도를 갖기 쉽습니다. 북이스라엘이 제일 타락하고 죄악이 만연하던 시기가 여로보암 2세 때인데, 북이스라엘이 제일 경제적으로 부강하고 흥왕하던 시기였습니다. 사사시대를 보아도 태평성대를 구가하던 시기에 이스라엘 백성들은 하나같이 타락한 모습으로 흥청망청 거렸습니다. 그러다가 위기가 닥치면 비로소 하나님을 찾고 부르짖는 모습을 보입니다.

오늘 우리 시대는 어떻습니까? 사탄이 북풍보다는 햇볕

으로 우리 신앙의 외투를 벗기는 시대입니다. 오늘 우리는 풍요와 평화 속에서 스스로를 무장해제 하고 있지는 않습니까? 실험실에서 끓는 물에 개구리를 집어넣으면 깜짝 놀라 개구리가 금방 뛰쳐나오지만 물을 서서히 가열하면 개구리가 온도가 올라가는 줄 모르고 있다가 죽는다는 이야기를 우리는 잘 알고 있습니다. 이와 같이 우리도 모르는 사이에 가면 갈수록 우리의 신앙이 느슨해지고 있음을 부인할 수 없습니다. 예전에는 교회에서 하는 모든 예배에 빠짐없이 참석하던 사람들이 점점 주중에 하는 예배에는 발길을 끊고 이제는 주일에도 오전예배만 드리고 가는 사람들이 많아지고 있습니다. 예전에 먹고살기 힘들 때는 하나님을 간절히 찾고 부르짖었는데 이제 먹고살 만해지니까 더 이상 하나님을 잘 찾지 않습니다. 우리 스스로가 신앙의 외투를 벗어던지는 시대입니다. 우리 마음을 놓게 만들어서 서서히 신앙에서 멀어지게끔 만드는 것, 이것이 사탄이 우리를 시험하는 전략이라는 사실을 잊어서는 안 됩니다.

악의 근원, 자기 사랑

1990년대는 우리나라에서 경제성장과 더불어 대중문화

산업이 폭발적으로 성장한 시기입니다. 그래서 가요를 비롯하여 영화, 드라마 등의 시장이 커졌고, 해외에서 들어오는 대중문화들도 폭넓게 보급이 되면서 이러한 것들에 사람들이 큰 영향을 받게 되었습니다. 그 시절 교계에서는 이러한 대중문화 속에 숨겨진 악한 문화적 코드가 청소년들과 청년들에게 큰 해악을 끼친다고 경고하는 목소리도 등장했습니다. 「사탄은 마침내 대중문화를 선택했습니다」라는 책으로 유명한 신상언 씨가 대표적인 분입니다. 실제로 그분의 강연을 들은 청소년이나 청년들 중에서는 영적인 위기감을 느끼면서 가지고 있는 음악앨범이나 비디오테이프를 폐기하고 대중문화를 멀리한 사례도 적지 않습니다.

물론 대중문화 속에 숨어든 악의 세력을 경계하는 것도 필요한 일이기는 하지만 사실 우리가 더 경계해야 할 악의 실체는 따로 있습니다. 그것은 바로 '자기 사랑'입니다. 주님께서는 우리에게 '악에서 구해 달라'는 기도를 하라고 가르쳐주셨는데 우리는 그 악이 외부에서 찾아온다고 생각하기 쉽습니다. 그러나 큰 악의 근원은 바로 내 안에서 흘러나온다는 사실을 기억해야 합니다. 나 자신이 우주의 중심이 되어서 하나님마저도 제쳐 두고 내가 그 자리를 차지하려고 하는 것이 바로 자기 사랑입니다.

인류의 첫 범죄인 아담과 하와가 선악을 알게 하는 나무의 실과를 따 먹은 것도 그 중심에는 아담과 하와의 자기 사랑이 자리 잡고 있었음을 알 수 있습니다. 사탄이 어떻게 하와를 유혹합니까? '너희가 그것을 먹는 날에는 너희 눈이 밝아져 하나님과 같이 되어 선악을 알 줄 하나님이 아심이니라'(창 3:5) '하나님처럼 될 수 있다'는 말은 곧 '내가 내 인생의 주인이 될 수 있다'는 말과 다르지 않습니다. 아담과 하와는 하나님을 주인으로 섬기지 않고 내가 주인이 되어 맘대로 살아보겠다는 생각을 하게 된 것입니다. 이러한 자기중심적인 모습은 인류의 첫 범죄 이후 지금까지 죄의 핵심으로 내려오고 있습니다.

많은 사람들이 창궐하는 이단이나 눈에 보이는 우상을 가진 타종교를 보면서 경계심을 가집니다. 또한 진화론과 동성애 등의 반성경적인 사상이 교회를 무너뜨린다고 관심을 가질 것을 촉구하기도 합니다. 맞습니다. 그것들도 경계해야 합니다. 그러나 그것보다 더 큰 악의 세력은 바로 내가 주인이 되어서 하나님의 자리를 차지하려는 자기중심적인 내 마음입니다. 이것이 우리가 당면한 가장 큰 우상입니다. 오늘 우리가 사는 사회는 자기중심적인 태도를 더욱 부추기면서 그것이 옳다고 가르칩니다. 얼마 전에 헌법재판소에서 낙태죄가 문제 있다고 헌법불합치 결정을 내렸습니다. 이것은 오래전부터 여성단체들이 제기해 오던 문제인데 최근에 여론이 낙태죄를 없애야 한다는 쪽으로 모아지면서 법조계에 영향을 미친 판결이라 할 수 있습니다. 많은 사람들이 여성 인권을 들먹이며 낙태죄 폐지를 환영하고 있지만 과연 태아의 생명이 존중되지 않는 인권이 무슨 의미가 있는지 의문이 들지 않을 수 없습니다. 결국 태아의 생명권보다 여성의 자기 결정권이 더 중요하다는 논리인데 여기서 말하는 자기 결정권이라는 것도 '내가 내 인생의 주인이기 때문에 내 맘대로 하겠다'는 자기 사랑에 다름이 아닙니다.

비단 낙태 문제만 그런 것이 아닙니다. 오늘날 만연한 결혼과 출산 기피 풍조도 그 핵심에는 자기 사랑이 자리 잡고 있습니다. '결혼하면 제약이 많아지고 나만 손해'라는 생각, '아이를 낳으면 내 삶은 없어지고 자식 뒷바라지하다가 인생 끝난다'는 생각이 광범위하게 퍼져 있습니다. 책임질 일은 최대한 회피하고 '인생은 내 맘대로 즐기는 게 최고'라는 인식이 강합니다. 그러나 이런 인식 속에는 '나'만 존재하지

'하나님과 이웃'에 대한 관심은 거의 없습니다. 성경은 우리에게 하나님을 사랑하고 이웃을 사랑하라고 말씀하시는데 사탄은 이처럼 우리의 모든 관심을 자기 자신에게로 축소시키게 만듭니다.

주님께서는 이렇게 말씀하셨습니다. '누구든지 나를 따라오려거든 자기를 부인하고 자기 십자가를 지고 나를 따를 것이니라'(막 8:34). 날마다 하나님 자리에 오르려 하는 자신을 쳐서 복종시키고 성령으로 자신을 채울 때에 우리는 자기 사랑에서 벗어날 수 있습니다.

악을 물리치는 방법

주님께서는 '시험에 들게 하지 마시옵고 다만 악에서 구하시옵소서'라고 우리에게 기도를 가르쳐 주셨습니다. 그렇다면 우리는 어떻게 사탄의 시험에 빠지지 않고 악을 대적하여 이길 수 있을까요? 첫째로는 영적인 민감함과 분별력을 가져야 합니다. 지금 내가 사탄의 시험을 받고 집중 공격을 당하고 있는데도 둔감해서 잘 모르는 사람들이 있습니다. 어릴 때 필자와 동생이 동네 개울에서 물장구치면서 놀다가 집으로 왔는데 어머니가 동생 다리를 보고 소스라치게

105

제3장 우리를 위한 기도

놀라셨던 적이 있습니다. 바로 동생 다리에 거머리가 붙어서 피를 빨고 있는데 동생이 그걸 모르고 있었던 것입니다. 어머니께서 얼른 거머리를 뗐지만 한동안 다리에서 피가 계속 났던 기억이 납니다. 거머리가 피를 빨아도 느낌이 없으니까 계속 당하고 있을 수밖에 없었던 것입니다.

영적으로 민감하지 못하면, 또한 분별력이 없으면 넋 놓고 있다가 사탄에게 당할 수밖에 없습니다. 사탄의 공격으로부터 벗어나려면 먼저 성경말씀을 통해 영적인 지식을 쌓아서 분별력을 길러야 합니다. 또한 기도로 영적인 민감성을 키워 나가야 합니다. 특히나 사탄의 유혹은 우리 몸과 마음이 느슨해진 순간에 잘 찾아옵니다. 다윗은 모두가 전쟁에 출정하고 없는 사이 왕궁을 한가롭게 거닐다가 밧세바를 보고 유혹에 빠집니다. 예수님의 제자들도 예수님이 깨어 기도하라고 신신당부했음에도 졸고 있다가 가룟 유다와 군인들이 예수님을 잡아갈 때에 깜짝 놀라서 모두 도망가 버리고 말았습니다. 깨어 기도할 때에 영적인 민감성이 살아나고 사탄이 함부로 공격하지 못하는 것입니다.

악을 대적해서 이기는 두 번째 길은 성령님의 힘을 의지하는 것입니다. 우리 힘으로만은 악을 이길 수 없습니다. 시험을 만났을 때 성령님께서 우리를 지켜주지 아니하시면 우리는 악에 빠지고 맙니다. 갈라디아서 5장 16절은 이렇게 말씀합니다.

'내가 이르노니 너희는 성령을 따라 행하라 그리하면 육체의 욕심을 이루지 아니하리라.'

육체의 욕심을 이기려면 성령을 좇아야 합니다. 예수님의 부활 이후 제자들은 여전히 세상을 두려워했습니다. 누가 자신들을 죽이면 어찌할까 염려했습니다. 그런데 예수님 승천 이후에 120명의 제자들이 마가 요한의 다락방에서 합심으로 기도했을 때 성령이 임하셨고 이들의 모습은 이전과는 완전히 달라졌습니다. 성령으로 충만하니까 담대해져서 수많은 사람들 앞에서 당당하게 예수가 그리스도라고 복음을 전하기 시작했습니다. 성령이 우리 속에 충만할 때 악을 멀리하고 거룩해지고자 하는 선한 욕심으로 가득하게 됩니다.

어거스틴(St Augustine, 354-430)은 "성도의 전 생애는 시험이다"라고 말한 바가 있습니다. 우리에게는 늘 시험이 있습니다. 오늘 우리 주님께서는 주기도를 통해서 어떤 시험에도 넘어지지 않기를 간구하라고 말씀하십니다. 사탄은 때로는 사자처럼 무섭게 다가오기도 하고, 햇볕처럼 따사롭게 우리를 유혹하기도 합니다. 혹은 우리에게 광명의 천사로 위장하고 다가와서 속이려 들기도 합니다. 이러한 사탄의 시험을 이기기 위해서 우리는 말씀의 기초 위에서 분별력을 가져야 합니다. 그리고 두려워하지 말고 사탄을 대적하고 때로는 유혹의 자리를 피해서 도망하기도 해야 합니다. 무엇보다 우리가 악을 대적하기 위해서는 우리 힘만으로는 안 되고 성령님을 의지하고 성령충만해야 할 것입니다.

우리의 일상은 평화로워 보이지만 영적인 세계에서는 매일 치열한 전투가 벌어지고 있습니다. 사탄은 이미 잡아서 자기 소유가 확실한 사람은 별 관심을 가지지 않지만, 자기 손아귀를 벗어나서 하나님께로 가려는 자가 있다면 가만두지 않습니다. 반드시 잡아서 넘어뜨리려 합니다. 우리 힘으로는 악을 물리칠 수 없습니다. 이기려면 성령님을 구하고 기도해야 합니다. 히브리서 2장 18절은 이렇게 말씀합니다.

'그가 시험을 받아 고난을 당하셨은즉 시험 받는 자들을 능히

도우실 수 있느니라.'

우리 주님께서도 시험을 당하신 분입니다. 그렇기 때문에 우리가 시험받고 고통 가운데 있을 때 우리 형편을 잘 아시고 친히 도와주십니다. 시험을 당할 때에 좌절하여 낙망하지 않고 성령 안에서 하나님을 바라봄으로 이겨내고 승리하는 저와 여러분 되시기를 바랍니다.

Q. 주님께서 미래를 대비하는 넉넉한 양식이 아니라 일용할 양식을 구하라고 하신 이유는 무엇입니까? 이것이 오늘 우리에게 의미하는 바는 무엇입니까?

Q. 주기도문 중에 죄 용서를 구하는 기도를 할 때마다 마음에 걸리는 부분은 없었습니까? 어떻게 이 부분을 받아들이고 있습니까?

Q. 시험이 없으면 신앙생활 하기 더 좋을 텐데 왜 하나님은 우리가 시험받는 것을 내버려 두실까요?

Q. 이번 장에서는 죄의 근원으로 '자기 사랑'을 지목하고 있습니다. 자기 사랑이 어떤 죄의 형태로 표출되는지 말해 봅시다.

제4장
송영

제4장

송영

나라와 권세와 영광이 누구에게 있습니까?

주기도문은 '나라와 권세와 영광이 아버지께 영원히 있사옵나이다'라는 문구로 끝맺음 합니다. 즉, 하나님을 향한 영광의 찬송으로 마무리하고 있는데 고대 사본들 가운데는 이 부분이 포함된 사본도 있고, 빠진 사본도 있습니다. 학자들 사이에서는 이 부분이 유대인들의 기도 형식에 맞추어 원래는 없던 송영 부분이 삽입된 것이라고 보는 사람도 있고, 처음부터 있었다고 보는 사람도 있습니다. 어쨌든 구약에 나타난 기도들을 통해 보건대, 기도의 마지막에 송영이 위치한 것은 이상할 것이 전혀 없습니다.

그렇다면 왜 기도의 마지막을 하나님을 찬송하면서 마무리하고 있는 것일까요? 우리가 가진 성경에는 없지만 헬라어 원문으로 보자면 주기도문 마지막 문장의 앞부분에 '왜냐하면'이라는 접속사가 붙어 있습니다. 그래서 '왜냐하면 나라와 권세와 영광이 아버지께 영원히 있기 때문입니다'라고도 번역할 수 있습니다. 주님이 가르쳐 주신 기도를 통해 우리는 하나님이 영광받으실 것과 하나님 나라와 우리의 필요를 구했습니다. 그렇다면 우리가 드린 이 기도가 이루어질 것이라는 근거를 어디서 찾을 수 있을까요? 그에 대한 응답이 바로 마지막 부분에 나오는 송영이라고 볼 수 있습니다. 나라와 권세와 영광이 누구에게 있습니까? 바로 이 모든 것의 주인이신 하나님 아버지가 계시기 때문에 아무리 가냘픈 기도라 할지라도 듣고 응답하신다는 것입니다.

거대한 세상 속에 나란 존재는 한없이 작고 초라한 것처럼 여겨집니다. 교회에서 예배드릴 때는 하나님이 함께하시는 것 같다가도 이 땅의 권력자들이 자기들 마음대로 세상을 쥐락펴락하는 모습을 보면 도대체 하나님이 계시기나 한 것인지 의문이 들기도 합니다. 심지어 기도하는 중에도 이렇게 기도한다고 뭐가 이루어질까 하는 회의감이 들 때도

114
기독교 사용 설명서 6 주기도문

있습니다. 그럴 때 우리는 나라와 권세와 영광이 누구에게 있는지 다시금 상기해야 합니다. 아무리 세상에서 힘 있는 자들이 현실을 장악하고 있는 것처럼 보여도 이 모든 것 위에 하나님이 계시다는 믿음을 놓쳐서는 안 됩니다.

성경에 보면 이런 내용이 있습니다. 아람 왕이 이스라엘을 공격하려고 계획을 할 때마다 그 일이 실패로 돌아갔는데 알고 보니 엘리사 선지자가 아람 군대의 계획을 미리 알아채고 대비한 것이었습니다. 이 사실을 안 아람 왕이 엘리사를 잡아 오라고 군대를 보내었고, 엘리사가 살고 있는 도단성이 아람 군대로 인해 완전히 포위되고 말았습니다. 아침 일찍 밖에 나간 엘리사의 사환은 이 광경을 보고서는 기절할 듯이 놀랍니다. 자신과 엘리사 선지자는 이제 죽을 일만 남았다고 생각한 것입니다. 그때 엘리사는 두려워하지 말라고 하면서 이 사환의 눈이 열리기를 기도했는데 이후에 사환은 불말과 불병거가 산에 가득하여서 엘리사를 에워싸고 있는 것을 보게 되었습니다(왕하 6:17).

이 말씀이 의미하는 바가 무엇입니까? 기도하지 않고 믿음 없는 눈으로 세상을 바라볼 때는 우리 자신이 세상의 힘과 권세에 포위된 것처럼 느껴집니다. 나란 존재는 아무것도 아닌 것처럼 여겨집니다. 이런 상태에서는 한껏 주눅 들고 무기력한 존재로 살아갈 수밖에 없습니다. 그러나 나라와 권세와 영광이 세상에 속한 것이 아니라 바로 하나님께 속한 것임을 고백한다면 우리의 시각은 달라질 것입니다. 비록 상황은 아무것도 달라지지 않았지만 우리의 시각이 바뀌었기 때문에 이제는 세상의 힘과 권세를 바라보는 것이 아니라 그 너머에서 역사하시는 하나님을 보게 될 것입니다.

이는 비단 엘리사와 그의 사환만이 경험한 일이 아닙니다. 당대 최강대국이던 이집트를 상대로 히브리 백성의 자유와 해방을 요구했던 모세를 보십시오. 파라오가 볼 때 얼마나 허황된 말이었을까요? 거대한 로마제국의 변방에서 그리스도를 증거하고자 나섰던 바울의 몸짓은 얼마나 작고 보잘것 없었을까요? 그러나 그들은 나라와 권세와 영광이 오직 아버지께 있음을 알았기 때문에 세상의 힘과 권세를 두려워하지 않고 당당하게 앞으로 나갔던 것입니다. 우리 또한 주기도문의 송영 부분을 고백할 때 세상의 주인 되신 하나님이 우리 기도를 들으시기 때문에 세상을 이길 수 있다는 믿음을 가져야 합니다.

오직 하나님께 영광을

주기도문의 구조를 살펴보면 첫 부분에서도 '이름이 거룩히 여김을 받으시오며'(마 6:9)라고 송영으로 시작하고 있으며, 마지막 부분도 '나라와 권세와 영광이 아버지께 영원히 있사옵나이다'(마 6:13)라고 송영으로 마무리하고 있습니다. 이것은 그만큼 하나님께 영광을 돌리는 것이 중요하다는 의미이며, 웨스트민스터 소교리문답 제1문에서도 '하나님을 영화롭게 하는 것이 인간의 목적'이라고 말하고 있습니다. 주기도문 첫 부분에서 어떻게 하는 것이 하나님께 영광을 돌리는 것인지 살짝 언급한 바가 있습니다. 곧 인간의 어떤 행실로 하나님께 영광을 돌리려 하는 것이 무의미하다는 내용이었습니다.

조나단 에드워즈(Jonathan Edwards, 1703-1758)에게 영향을 받은 존 파이퍼(John Stephen Piper, 1946-) 목사는 '우리가 하나님을 즐거워할 때 하나님이 가장 크게 영광을 받으신다'라고 설파합니다. 우리 주변에 보면 우리를 즐겁게 하고 심지어 마음을 통째로 빼앗아 버릴 만큼 시선을 사로잡는 것들이 너무도 많습니다. 어떤 사람에게는 기쁨의 원천이 돈이기도 하고, 또 어떤 사람은 인터넷 게임이나 연예인이 그런 대상이 되기도 합니다. 그런데 다른 것들을 다 제쳐 두고 하나님을 최고로 즐거워하고 기뻐할 때 그것으로 하나님은 가장 큰 영광을 받으신다는 말입니다.

소교리문답 제1문을 오해해서 '하나님을 즐겁게 해 드려서 하나님께 영광을 돌려야 한다'라고 생각하는 분들도 있습니다. 하지만 하나님을 즐겁게 해 드리는 게 아니라 하나님 자체를 즐거워하는 것이어야 합니다. 어떻게 해야 하나님을 즐거워할 수 있겠습니까? 이것은 다른 사람과 교제할 때를 생각해 본다면 쉽게 이해할 수 있습니다. 두 남녀가 만나 데이트를 할 때 서로를 알아가는 과정을 통해서 상대방에 대한 호감이 생깁니다. 그 호감이 더해지면 만나는 것이 즐겁고 상대방을 사랑하는 데까지 나아가게 됩니다. 하나님을 즐거워하는 것도 이와 비슷합니다. 그분이 어떤 분이신지, 무엇을 하셨는지 알아가는 과정을 통해서 우리는 하나님의 속성을 발견하고 그분을 즐거워할 수 있습니다.

전적 타락과 이신칭의를 주장했던 중세 수도사 클레르보의 버나드(Bernard of Clairvan, 1090-1153)는 우리가 즐겨 부르는 찬송인 '구주를 생각만 해도'를 통해 이렇게 고백합니다. '구주를 생각만 해도 이렇게 좋거든 주 얼굴 뵈올 때에야 얼마나 좋으랴', '예수의 넓은 사랑을 어찌 다 말하랴 주 사랑 받은 사람만 그 사랑 알도다.' 이분을 만나 본 적은 없지만 그 가사만 봐도 이분이 살아생전에 얼마나 예수님과 친밀한 교제를 나누었을까 알 수 있지 않습니까? 이렇게 하나님을 알아가는 과정을 통해서 하나님을 이해하게 되고 그분을 사랑하고 따르기로 할 때, 즉 하나님의 하나님 되심을 인정하게 될 때 그것이 하나님을 영화롭게 한 것입니다.

주기도문의 마지막 부분에서 '나라와 권세와 영광이 아버지께 영원히 있습니다!' 하고 외치는 것은 그냥 구호를 외치는 수준이 아닙니다. 정말로 하나님을 경험한 사람들이 하나님의 하나님 되심을 고백하는 것입니다. 기도를 하다 보면 우리 필요를 아뢰는 것에 급급해서 기도의 폭이나 시야가 협소해질 수 있습니다. 그러나 제대로 기도를 한다면 우리의 시선은 나에서 하나님에게로 옮겨져 갈 것이며 하나님께 필요를 아뢰는 수준에서 벗어나 하나님의 속성과 섭리하심을 기뻐하며 찬양하는 수준으로 발전할 것입니다.

신앙이 깊어질수록 우리의 관심은 나에서 하나님의 영광으로 이동해 갑니다. 왜냐하면 하나님이 영광받으시는 것 자체가 내게는 기쁨이 되기 때문입니다. 그래서 시편 기자는 이렇게 고백합니다. '여호와여 영광을 우리에게 돌리지 마옵소서 우리에게 돌리지 마옵소서 오직 주는 인자하시고 진실하시므로 주의 이름에만 영광을 돌리소서'(시 115:1). 여전히 내가 영광받고 내 이름이 높아지길 원하는 사람은 아직 하나님의 영광을 경험하지 못한 사람입니다. 천국은 하나님의 영광을 기뻐하는 사람들이 함께 그 영광을 찬송하는 곳입니다. 이 땅에서 그런 것에 관심이 없는 사람들이 어떻게 천국을 사모할 수 있겠습니까? 우리는 지금부터 하나님의 존재를 기뻐하고 즐거워함으로 하나님을 영화롭게 하는 삶을 살아야 합니다.

Q. 주기도문은 왜 송영으로 마무리하고 있습니까? 그것이 주는 의미는 무엇입니까?

Q. 하나님은 어떻게 해야 영광을 받으실까요? 우리가 하나님이 영광받으시는 일에 열심을 내야 하는 이유는 무엇입니까?

나가며

주님께서는 기도를 가르쳐주실 때 잘못된 기도의 예시를 먼저 제시하십니다. 그것은 남에게 보이기 위한 외식하는 자의 기도와 기도의 분량만 채우려는 이방인의 기도입니다. 누구나 기도를 할 수 있지만 이러한 엉터리 같은 기도가 많기 때문에 주님께서 주의하라고 일러주신 것입니다. 그럼에도 여전히 성경적이지 않은 기도들이 넘쳐납니다. 자신의 경건함을 다른 사람에게 보이기 위해 기도를 이용하기도 하고, 간절하게 부르짖으면 하나님도 감동하셔서 내 기도를 들어주실 것이라고 생각하면서 하나님께 막무가내로 들이대기도 합니다. 이런 기도들은 기도의 외피를 썼지만 하나님이 받으실 만한 기도라 할 수 없습니다. 그래서 일찍이 후안 까를로스 오르띠즈 목사(Juan Carlos Ortiz, 1934-)는 그의 책 제목에서 '우리 기도의 대부분은 하늘나라에서 잡동사니 우편물 취급을 받습니다'라고 일갈한 적이 있습니다.

우리가 알고 있는 주기도문은 이런 잘못된 기도를 하지 말라고 주님께서 친히 가르쳐 주신 기도입니다. 때로는 너무 익숙하기 때문에 그 중요성을 간과하는 경우가 있는데 주기도문이 바로 그런 경우입니다. 주일학교 때부터 기본적으로 가르치는 것이 주기도문이고 신앙인이라면 누구나 암송할 수 있는 것이 주기도문입니다. 때로는 너무 익숙하다 보니 예배 순서 중에 아무 생각 없이 주기도문을 암송하기도 합니다. 그렇기 때문에 신자들이면 누구라도 주기도문을 잘 알고 있다고 생각합니다. 그러나 그 내용을 찬찬히 들여다보거나 그것에 대한 가르침을 제대로 받아 본 사람은 생각보다 많지 않습니다.

주기도문은 우리 기도의 모범입니다. 그렇기 때문에 암송할 뿐만 아니라 그 내용을 정확히 아는 것이 중요합니다. 주기도문과 관련된 서적은 이 책뿐만 아니라 시중에 많이 나와 있습니다. 관심만 있다면 얼마든지 더 알아갈 수 있습니다. 우리 기도가 바르고 더 풍성해지기 위해서는 주기도문의 중요성을 알고 이 기도의 정신을 따라서 해야 합니다.

이 책을 보신 분들이라면 주기도문이라는 짧은 기도 안에 이토록 다양하고 깊은 내용이 들어가 있는지 미처 몰랐던 분들도 있을 것입니다. 이 기도를 통하여 우리는 초월자 되신 하나님과 우리 안에 거하시는 아버지 되신 하나님을 알게 됩니다. 또한 내 필요보다는 하나님 나라를 먼저 구해야 하고, '나'를 내세우기 전에 '우리'를 위한 간구를 해야 하며, 영의 필요와 육체의 필요를 동시에 구하는 것이 주님이 가르쳐 주신 기도임을 발견하게 됩니다. 그리고 간구만 있는 것이 아니라 하나님의 영광을 찬송하며 높이는 것이 기도라는 사실도 알게 됩니다.

주기도문을 새롭게 발견한 사람이라면 기도가 달라져야 합니다. 부디 주기도문을 올바로 이해하고 그에 따라 기도 생활을 하시기 원하고, 그것을 통해 하나님과의 교제가 더 풍성해질 뿐만 아니라 하나님의 일하심을 더 크게 경험하게 되시는 독자 여러분 되시기를 바랍니다.

참고문헌

김남준, 『깊이 읽는 주기도문』, 서울: 생명의 말씀사, 2013.

김세윤, 『주기도문 강해』, 서울: 두란노아카데미, 2000.

김지철, 『예수님의 기도: 다시 보는 주기도문』, 서울: 두란노서원, 2009.

김형국, 『한국교회가 잃어버린 주기도문』 서울: 죠이선교회, 2013.

방정열, 『용서 그 불편함에 관하여』 서울: 세움북스, 2020.

오광만, 『그러므로 이렇게 기도하라: 주기도문 강해』, 서울: 생명의말씀사, 2007.

이성호, 『특강 하이델베르크 요리문답(하)』, 안산: 흑곰북스, 2013

조약돌, 『하나님이 내 기도를 들으실까?』, 서울: 좋은씨앗, 2016.

채영삼, 『삶으로 드리는 주기도문』, 서울: 이레서원, 2014.